A. C. Ping

# NÃO VIVA PELA METADE
## SIGA OS DESEJOS DO SEU CORAÇÃO

❖ FUNDAMENTO

2006, Editora Fundamento Educacional Ltda.

Editor e edição de texto: Editora Fundamento
Capa e editoração eletrônica: Commcepta Design
CTP e impressão: Sociedade Vicente Pallotti

Produzido originalmente por Penguin Books
Copyright © A. C. Ping 2003

**Dados Internacionais de Catalogação na Publicação (CIP)**
(Câmara Brasileira do Livro, SP, Brasil)

Ping, A. C.
   Não viva pela metade / A. C. Ping ; versão brasileira : Editora Fundamento. – São Paulo - SP : Editora Fundamento Educacional, 2006.

   Título original : Be.

   1. Motivação (Psicologia) 2. Realização pessoal 3. Sucesso I. Título.

04-8192                                                              CDD-158.1

**Índices para catálogo sistemático:**
1. Motivação : Psicologia aplicada 158.1
2. Realização pessoal : Psicologia aplicada 158.1
3. Sucesso : Psicologia aplicada 158.1

Fundação Biblioteca Nacional

Depósito legal na Biblioteca Nacional, conforme Decreto n.º 1.825, de dezembro de 1907.
Todos os direitos reservados no Brasil por Editora Fundamento Educacional Ltda.

Impresso no Brasil

Telefone: (41) 3015 9700
E-mail: info@editorafundamento.com.br
Site: www.editorafundamento.com.br

## Sumário

Agradecimentos — 5
Introdução — 6

## Seja você mesmo — 9

Afastando-se do seu objetivo — 9
Remédio? Nem pensar! — 12
Fique tranqüilo — 15
Como encontrar a paixão — 19
Errar não é uma opção — 22
Cego de cobiça? — 24
A morte é sua aliada — 26
O que irá guiá-lo? — 29
Falar é fácil — 32
A visão esplêndida — 36

## Seja feliz — 39

Feliz? — 39
Esteja pronto para o combate — 42
Destino x liberdade — 45
A crença cria a realidade — 48
Saindo do círculo — 53
Liberando espaço na desordem da mente — 55
As ações têm poder — 60
A estratégia dos *Invasores do espaço* — 63
Não fique parado — 64
Quando as coisas não dão certo — 65
Não se esforce inutilmente — 69
Como lidar com pessoas difíceis — 71
Pagar o preço? — 73

Aproveite o presente . . . 75
Leve as coisas a sério . . . 76

## SEJA ÚNICO . . . 78
Estamos todos juntos . . . 78
Tempo de evoluir . . . 84
Só os fortes sobrevivem? . . . 87
Tempo de novas idéias . . . 88
A chave para a compaixão . . . 89
O orgulho nos cega . . . 92
A vida se expande . . . 94
A jornada é o destino . . . 97
Organizando as idéias . . . 99

# AGRADECIMENTOS

Neste livro, misturam-se energias de várias pessoas!

Obrigado a todos que fizeram perguntas filosóficas: Matt, Sofi, Dorle, Lindy, Miriam, Keith e Anna. Quando olho para trás, vejo a sabedoria e as boas intenções de vocês.

Àqueles que aceitaram ser as "cobaias": Shannon, Katherine, Stevie, Jono, Lotus, Lucinda e Carlos. Vocês abriram meus olhos para diferentes perspectivas. Sou muito grato pelo tempo dedicado e pela ajuda.

Por fim, foi preciso não apenas a crença, mas também uma decisão consciente de agir para finalizar este livro. Estou em dívida com Barbara, Ruth e Priscilla. A paixão e a ajuda de vocês me inspiram a fazer coisas ainda maiores.

*A.C. Ping*

*Para Dorle*

## Introdução

*O que fazemos em vida ecoa na eternidade.*
— Maximus, Gladiador

No início do filme *Gladiador*, o personagem Maximus, interpretado por Russell Crowe, é um famoso general romano que tem o respeito tanto de suas tropas como do próprio César. Ele ocupa um papel específico, de muito poder, dentro de uma estrutura hierárquica. No entanto, após algumas cenas, é forçado a tomar uma posição em relação àquilo em que acredita, e seu mundo vira de pernas para o ar.

Traído por um homem que ele considerava um irmão, sentenciado a uma morte injusta e testemunha do assassinato brutal de sua família, ele passa a ter um novo objetivo: vingança... Não originada do rancor ou ciúme, mas nascida de um desejo por justiça.

Conforme parte em busca de seu novo objetivo, Maximus mostra que é guiado por princípios bem claros. Ele se recusa a matar um homem a sangue-frio apenas para agradar o povo, reagrupa os escravos para benefício de todos e mantém-se fiel aos que o ajudaram. Por fim, sacrifica-se pelo bem do povo romano, morrendo em uma batalha contra a tirania e a injustiça.

Ah, se o roteiro da vida fosse tão claro...

O filme *Gladiador* mostra, em duas horas, como a vida pode ser simples se conseguirmos responder a três perguntas-chave: *Qual é meu objetivo? Em que eu acredito? Como posso ir além de meu "eu"?*

Em uma época com tantas opções, poucos conseguimos responder a essas três perguntas com total clareza. Certamente ainda há alguns lugares, como as florestas da África e da América do Sul, em que a vida pode ser demonstrada com uma simples equação. Mas quantas pessoas trocariam o luxo do primeiro mundo pela clareza do terceiro? O grande paradoxo de nossa época é termos criado uma sociedade

### INTRODUÇÃO

que satisfaz as necessidades básicas e até elimina problemas de vida e morte, mas na qual a depressão se espalha como uma doença, e as pessoas buscam conforto nas drogas e no suicídio.

À medida que tentamos saber mais, ter mais e fazer mais, acabamos nos tornando menos. Ao definir nosso valor por meio daquilo que possuímos e pelo tamanho de nossas realizações, não pensamos em quem somos. Mesmo quando paramos para pensar em quem somos, rapidamente preenchemos o vazio com murmúrios que entram em nossas mentes através da mídia ou das estratégias do Estado, que nos considera meras peças na "máquina econômica".

> *À medida que tentamos saber mais, ter mais e fazer mais, acabamos nos tornando menos.*

Mas a mudança está por vir! Estamos à beira de uma nova era, e cada vez mais pessoas estão escolhendo questionar a falta de reflexão de nossa época. Em vez de aceitar tudo como verdade e seguir um caminho já trilhado, algumas pessoas decidiram dizer "Basta!"

Este livro serve para essas pessoas – você é uma delas? Se for, espero que o livro o auxilie. O objetivo é ajudá-lo a responder as três perguntas feitas anteriormente (*Qual é meu objetivo? Em que eu acredito? Como posso ir além de meu "eu"?*). Além disso, o livro também levanta a questão: *Como posso ser feliz?* Um objetivo claro na vida pode fornecer a direção, mas não irá, necessariamente, fornecer a felicidade.

### ■ COMO SURGIU ESTE LIVRO?

Bom, digamos que, há dez anos, minha vida estava muito boa. Eu era casado e procurava uma casa para comprar, minha carreira ia de vento em popa, meus amigos e minha família estavam sempre por perto, apoiando-me. Minha única preocupação era se deveria trocar meu BMW por um Porsche.

Aí, a bomba explodiu. Em apenas três anos, entrei em uma crise de meia-idade precoce, como meus amigos costumam dizer, e larguei meu emprego. Meu sogro, de quem eu era muito próximo, morreu de repente e de maneira dolorosa, devido a uma doença grave. Meu casamento acabou. O BMW foi vendido. Um amigo de infância teve um ataque cardíaco e morreu pouco antes de completar 30 anos. Enquanto isso, minha família e meus amigos me questionavam sobre o rumo que estava dando para minha vida e enchiam minha cabeça de dúvidas.

Dizer que fiquei surpreso com tudo isso seria pouco. Minha vida, tão cuidadosamente planejada, estava em pedaços, e a única coisa que as pessoas faziam era apontar o dedo para mim, dizendo: *O que foi que você fez?*

Foi assim que aprendi que a melhor coisa que se pode aprender é como se reerguer, sacudir a poeira e dar a volta por cima, pois a única certeza na vida é o fato de que seremos derrubados várias vezes. Nos sete anos seguintes, essa foi uma lição que pratiquei bastante; sempre que fui derrubado, tentei aprender algo e agora gostaria de compartilhar isso com você.

Este livro é dividido em três partes: **Seja você mesmo**, **Seja feliz** e **Seja único**. No entanto, não se trata de um livro-texto ou um manual de instruções para a vida; não dará a você as respostas, mas fará com que você faça as perguntas que poderão levá-lo às suas próprias respostas. Se fizer com que você reflita, significa que meu objetivo foi atingido. É tudo o que desejo.

# SEJA VOCÊ MESMO

## Afastando-se do seu objetivo

Você alguma vez pensou sobre o significado da vida? Sobre o que você está fazendo aqui? A razão de tudo isso? Eu já pensei. Penso nisso desde que era jovem. Eu gosto de saber o significado das coisas, de ter tarefas claras. Odeio quando ninguém sabe o que está acontecendo.

Costumava perguntar a meus pais o que eu estava fazendo aqui e ficava irritado quando eles diziam: "Você pode fazer o que quiser, basta ter certeza do que quer." Legal, linda resposta. No entanto, não esclarece nada. Eu pensava: "Eles querem me deixar confuso ou também não sabem?" As crianças da escola que já sabiam o que queriam ser também me deixavam intrigado. "Como você sabe que quer ser médico com apenas 12 anos? Seus pais que disseram? Alguma vez você já perguntou a eles sobre isso? Eu quero saber a verdade!"

Mas, falando sério, *Quem sou eu?* e *Qual é o objetivo da minha vida?* são perguntas extremamente complexas. Na maioria das vezes, nem é possível respondê-las. A sociedade diz que primeiro devemos completar dez ou doze anos de escola – Tarefa 1. Depois, devemos encontrar uma função útil a ser executada no sistema econômico para que possamos nos sustentar – Tarefa 2. Se concluirmos com êxito a Tarefa 1, precisaremos estudar ainda mais e, pelo menos teoricamente, a Tarefa 2 será mais fácil. Se concluirmos com êxito a Tarefa 2, teremos mais do que o suficiente para nos sustentarmos e poderemos prosseguir à Tarefa 3 – constituir uma família.

*Quem sou eu?*
*Qual é o objetivo de minha vida?*

Se nos prendermos às Tarefas 1, 2 e 3, talvez não respondamos às perguntas *Quem sou eu?* e *Qual é o objetivo da minha vida?* e nos perderemos na distração de nossa vida cotidiana. Na escola, estudamos muito, praticamos esporte e experimentamos o sexo; na vida profissional, trabalhamos sessenta horas semanais para chegar ao topo, fazer parte da sociedade e planejar nosso próximo passo profissional. Quando surgem o parceiro e os filhos, as possibilidades de distração aumentam ainda mais: são jantares, passeios em família, visitas aos pais e assim por diante.

No entanto, em algum momento da vida, a maioria das pessoas sofre uma crise existencial. É aí que elas param e perguntam: "O que está acontecendo?" Geralmente, alguma coisa provoca isso: ser abandonado pela primeira namorada, ser demitido, descobrir que não pode ter filhos ou ver a morte de alguém próximo.

Já mencionei que, em meu caso, houve um acúmulo de coisas, mas uma especificamente não sai da minha cabeça: a Guerra do Golfo, em 1991. Imagine o seguinte: várias pessoas sentadas numa sala aconchegante, com uma ótima visão para o mar de um lado e, do outro lado, uma grande TV mostrando a guerra ao vivo. De repente, todos nos tornamos especialistas em guerras, especulando se os EUA estariam participando de uma nova Guerra do Vietnã ou se o novo conflito seria curto.

Nós estávamos preocupados com as pessoas que foram mortas lá? É claro que não! Só queríamos saber se o Iraque iria ou não impedir o fluxo de petróleo do Oriente Médio, conseqüentemente prejudicando a economia do Japão, que dependia desse recurso. Foi como assistir a uma luta de boxe na TV. Algo do tipo "aposto no cara de calção azul".

Ganhou-se e perdeu-se muito dinheiro naquela guerra. Foi o tipo de situação em que, como comerciantes, ficamos contentes com o caos e as oportunidades que surgiram. Para mim, foi a partir daí que comecei a perceber o enorme absurdo de toda aquela história. Como eu poderia me alegrar com a guerra? O que aconteceu para que eu chegasse a esse ponto? Precisei parar e analisar o que estava fazendo.

Devido à natureza mutável do mundo, essas crises estão ocorrendo com maior freqüência. Há trinta anos, se você fosse do sexo masculino, poderia ir à escola, ter vários empregos esperando por você, escolher um e ficar nele pelo resto da vida, encontrar uma esposa que você pudesse sustentar com um salário baseado em 40 horas semanais de trabalho, ter três filhos e viver feliz para sempre. Se você fosse do sexo feminino, poderia ir à escola, aprender os segredos culinários da família, casar-se, criar os filhos e desempenhar uma função importantíssima na comunidade local.

Os grandes problemas eram: onde comprar uma casa (normalmente na metade do caminho entre as casas dos pais de um e de outro); em qual escola os filhos iriam estudar (a mesma escola em que você estudou) e para onde ir nas férias. E nem pensar em torcer por um time de futebol que não fosse o mesmo do seu pai!

Hoje em dia, a graduação já não é mais garantia de emprego. Uma pessoa mais ou menos bem-sucedida terá pelo menos sete carreiras; as 40 horas semanais são apenas um sonho; é raro ver uma família em que apenas uma das pessoas trabalha; e cada vez mais casais decidem não ter filhos. Isso sem contar a sobrecarga de informações, o efeito estufa e a globalização. Ufa... fiquei cansado só de pensar!

Então, como lidar com tudo isso? O segredo é, ou pelo menos parece ser, a fuga. Saia. Aproveite a vida. Beba algo após o expediente, fume enquanto estiver voltando para casa, aproveite o fim de semana... Levante-se pela manhã e faça tudo novamente. Está mal? Faça algo para ficar bem. Está bem? Faça algo para ficar melhor ainda. Qualquer coisa, menos encarar o fundo dos olhos do mal da solidão. O amanhã traz um novo dia, que tem que ser melhor do que hoje. Talvez tudo desapareça. A vida deve ser boa, certo? Se for tudo mentira, então é melhor morrer...

## Remédio? Nem pensar!

Suponhamos que haja alguma razão para tudo isso, pois, se não houver, é melhor você se entregar ao hedonismo. Aproveite o máximo que puder, tome todas as drogas que puder, experimente todas as emoções possíveis. Adivinhe o que vai acontecer? No fim do dia, você continuará com um vazio à sua frente.

Se você está lendo este livro, provavelmente já notou que não há como fugir. Ainda mais se você acreditar em reencarnação, pois até mesmo o suicídio irá trazê-lo de volta.

Então, existe um porquê? Deve haver. Caso contrário, pare de ler.

Partindo de uma perspectiva cristã, estamos aqui para satisfazer a vontade de Deus e, se fizermos tudo corretamente, chegaremos ao Reino dos Céus. Partindo de uma perspectiva budista, estamos aqui para nos tornarmos pessoas iluminadas e sermos libertados desse mundo de sofrimento. Partindo de uma perspectiva espiritual, estamos aqui para aprender as lições necessárias para que possamos crescer espiritualmente e fugir do plano físico. Tudo isso é bem parecido, não é?

O mais importante é tomar uma decisão. Se você não tiver um objetivo na vida, deixe-se conduzir por seus desejos e aceite os prazeres imediatos e o sofrimento que virão. Ou então defina um objetivo, rompa a barreira do alívio imediato, aceite a solidão e comece a fazer algo para preencher o vazio. Se sua realidade não é boa, torne-a melhor. Não fuja, pois, quando você voltar, e sempre voltamos, você encontrará os mesmos problemas.

Uma questão bem interessante: se você perguntar em uma sala cheia de pessoas se elas têm um objetivo específico na vida, aproximadamente 70% dirão que sim. A pior parte é que apenas uma pequena porcentagem dessas pessoas consegue dizer qual é esse objetivo.

Tudo bem, mas como fazer isso? Como saber qual é o nosso objetivo?

Em primeiro lugar, vamos filosofar um pouco sobre nossa própria existência. Precisamos de algumas dicas para encontrar o objetivo da nossa vida. Se acreditamos que existe um objetivo, temos de admitir a existência de uma "força maior", um criador. Eu sei que isso tudo é um pouco estranho, mas veja: se houver um objetivo na vida, alguém tem que ter decidido qual é! Agora, se você decidiu o objetivo de sua vida antes de vir a este mundo, há três suposições:

1. reencarnação;
2. você possui um "eu superior" que já sabe qual é o objetivo da sua vida;
3. há um outro plano existencial.

Portanto, a pergunta é: Como posso "falar" com essa minha parte "superior"?

Se algo ou alguém decidisse o objetivo da sua vida por você, iria querer que você descobrisse qual é esse objetivo? Por quê? Mais uma vez, como "falamos" com esse "ser superior"?

Considerando que não é possível simplesmente pegar o telefone para conversar com esse "ser superior" e descobrir qual é nosso objetivo, o que poderia nos guiar na direção correta? Deve haver alguma dica.

A lógica não irá nos ajudar. Usando a lógica, podemos escolher qualquer objetivo e analisá-lo. Por exemplo: nosso objetivo poderia ser sofrer? Esse seria um péssimo objetivo, a menos que você seja adepto do sofrimento (aí, sim, haveria lógica). O problema em usar a lógica é o fato de o "eu inferior" controlar tudo, ou seja, de termos o controle sobre nossa função racional/lógica o tempo todo (sem surpresas). As respostas virão apenas de nós mesmos, mas a verdade é que não temos a resposta...

> *Para mergulhar no "eu superior", precisamos mergulhar em algo que não apresenta lógica alguma.*

Para mergulhar no "eu superior", precisamos mergulhar em algo que não apresenta lógica alguma, mas que pareça correto por meio do sentimento. Temos que usar nossas emoções para nos guiar até o local onde a paixão tem todo o poder.

O mundo que criamos é baseado em pensamentos lógicos e racionais, conforme apresentado há muitos anos por Aristóteles, Sócrates e Platão. Para o pensamento racional, as coisas são ou não são; não existe um meio-termo. Nosso mundo reflete isso nos sistemas que estabelecemos. Seguindo a lógica, você deve freqüentar a escola, obter boas notas, ir à universidade, obter um bom resultado, arranjar um emprego, trabalhar muito e ser feliz. O único problema é que a felicidade não é algo lógico.

Quantas pessoas você conhece que deixaram um emprego em que o salário era muito alto para seguir um sonho, como pintar, escrever ou cantar? Quantas são mais felizes agora?

A verdade é que esse mundo racional é repleto de vazios. A lógica supõe que a felicidade surge ao misturarmos alguns ingredientes. Essa é a mesma lógica que mistura ingredientes químicos para fazer pílulas como o *ecstasy*: felicidade, sim, mas apenas durante um tempo.

Voltemos à pergunta sobre o objetivo na vida. Imagino que você já tenha percebido que não há um procedimento lógico, passo a passo, a ser seguido. No entanto, há algumas dicas para facilitar o caminho. A principal é deixar que *a paixão leve ao objetivo*.

## FIQUE TRANQÜILO

Se conseguimos falar com nosso "eu superior" quando chegamos a este mundo, uma coisa é certa: perdemos essa capacidade muito cedo. A sociedade parece gritar: "Conforme-se, conforme-se, conforme-se, seja como nós, não seja diferente." Ensinam como devemos andar, falar, o que é certo ou errado, quem é bom ou mau, o que devemos almejar e desejar. Adapte-se ao sistema o mais rápido possível.

Um mundo baseado em desejo pode nos fornecer objetivos em curto prazo, mas não traz um sentido mais profundo para a vida. Acreditamos que somos livres, mas, na realidade, somos escravos do consumismo. Mesmo os meios mais básicos de sobrevivência foram tirados de cada um e inseridos firmemente no sistema econômico. Afinal, se nosso foco for apenas a sobrevivência, não teremos tempo de buscar significados.

## NÃO VIVA PELA METADE

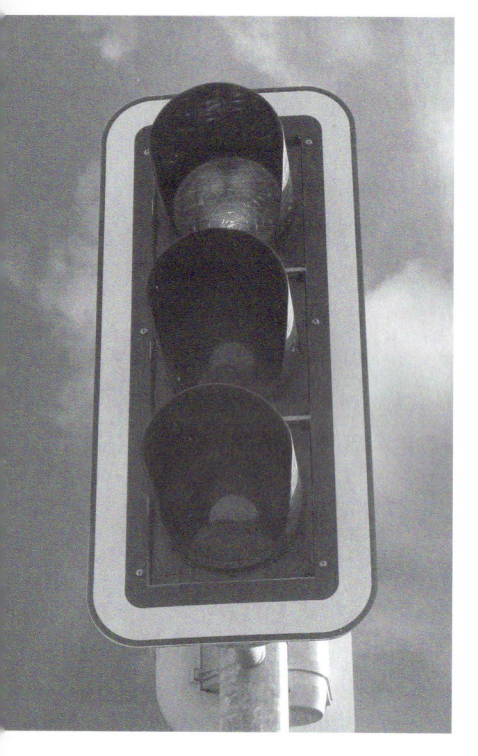

O primeiro passo a ser tomado rumo à liberdade é acabar com a lavagem cerebral que cria essa visão fixa do mundo para que, assim, possamos encontrar nosso verdadeiro "eu". Devo ou não devo, posso ou não posso, faço ou não faço, certo ou errado, é ou não é. CHEGA!

A maioria de nós sofre uma lavagem cerebral tão grande que, antes de pensarmos, já estamos reagindo. Ter um significado na vida implica ter liberdade; liberdade para escolher como agir em qualquer situação, em vez de simplesmente reagir sem pensar. Desde cedo, nos ensinam que o mundo é um caminho definido. Sendo assim, tentamos viver de acordo com essa definição, sempre supondo que alguém realmente saiba qual é a função disso tudo.

Tudo besteira!

O mundo é um mistério. Não devemos nunca parar de questionar, mas também não devemos esperar respostas.

Então, voltemos à questão do significado.

Em primeiro lugar, alcance um estágio em que sua mente pare de reagir às coisas sem pensar. Fique tranqüilo. Imagine que seu pensamento é um copo de água suja carregado por um macaco que está pulando de galho em galho (imagem estranha, não é?). Quando a sujeira começa a se acumular, o macaco vê algo na árvore ao lado e pula, misturando tudo. Conseguiu estabelecer o paralelo?

Observe pelo seguinte ângulo: você decide que não está feliz no trabalho. Então, pára para pensar em como poderia mudar sua vida para melhor. Você está refletindo, quando o telefone toca: é um de seus melhores amigos ligando para contar uma ótima notícia sobre alguém com quem você se relacionou durante um tempo. Sem notar, você está no carro indo até a casa dessa pessoa e prestes a planejar a mudança desejada. Você precisa fazer com que o macaco fique tranqüilo por um tempo para que o lodo se acomode no copo e a água fique mais limpa. Para isso, é necessário ter um foco, e isso é possível por meio da meditação.

Quando minha mãe ficou sabendo que eu estava meditando, ela achou que eu estava participando de algum ritual *hippie* esquisito. Até hoje, quando falo sobre meditação, muitas pessoas reagem de maneira estranha. Talvez acreditem que seja um ritual pagão ou algo semelhante; de qualquer forma, é uma reação temerosa.

Embora realmente algumas práticas de meditação sejam estranhas, a meditação em si não é nada fora do comum. No dicionário, ela é definida como "concentração intensa do espírito". Monges cristãos, budistas, muçulmanos e atletas de elite têm feito isso há anos. Atletas de elite? Sim. A Nádia Comaneci, ginasta romena, surpreendeu a todos ao conseguir uma série de notas dez nas Olimpíadas de 1980. Quando perguntaram como havia conseguido atingir tantos resultados perfeitos, ela respondeu: "Minha mente está sempre pensando em acertar." Para mim, isso é meditação.

> *No dicionário, a meditação é definida como "concentração intensa no espírito".*

Portanto, meditar significa focar em uma única coisa, para que o macaco pare de ficar pulando de um galho a outro. Descobri que a melhor maneira para meditar é estar em um lugar quieto, sem distrações e sem o risco de ser perturbado. Meditar dentro de algum lugar é melhor do que fora, pois a energia tende a ser mais "calma".

Sente-se com a coluna reta e as pernas cruzadas, mas não pense nisso como uma tortura. Ao sentar-se com a coluna reta, você alinha os centros de energia, ou chacras, no corpo. Partindo de uma perspectiva yin-yang, nós somos a ponte entre o céu e a terra; o chi, ou força da vida, flui a partir do topo de nossa cabeça, descendo pelo corpo, até chegar à terra.

Assim que estiver confortável, concentre-se em alguma coisa. Pode ser um mantra repetido várias vezes, uma imagem ou algo como a sua respiração. Eu, particularmente, prefiro a respiração, pois respirar é uma ação inconsciente. Ao ter a respiração como foco, você liga a mente e o corpo. Como auxílio para se concentrar na respiração, preste atenção no toque do ar em seu lábio superior conforme você inspira e expira. No começo, talvez seja necessário respirar fundo ou deixar o lábio superior úmido para sentir o toque, mas, com o tempo, sua mente vai se acostumando, e isso se torna mais fácil.

Lembre-se de que estamos tentando equilibrar a mente para que consigamos mergulhar em nossa verdadeira natureza. Visualize o lodo assentando-se devagar no copo e concentre-se no toque da respiração. Depois de pouco tempo, você verá que sua mente divagou. Talvez você não perceba isso até que esteja vários pensamentos à frente.

Por exemplo, você começa a meditar e, de repente, começa a pensar no que vai fazer para o jantar. Aí, lembra que não janta com seus pais há algum tempo; então, recorda a última vez em que jantaram juntos e lembra que a sobremesa era muito boa. Depois, lembra que deveria ter pedido a receita para sua mãe. De repente, lembra que deveria estar meditando e fica irritado por ser tão inútil a ponto de não conseguir se concentrar nem durante cinco minutos.

Uma voz na sua cabeça diz: "É muito difícil. Meditar é para os *hippies*, que provavelmente estão chapados quando fazem isso, então é muito fácil. Por que não esquecer tudo isso e beber algo com os amigos em um barzinho?"

O segredo para conseguir meditar é a gentileza. Durante algum tempo, sua mente fez o que quis, o macaco explorou os lugares que quis. Ele sempre levou você de um lado a outro, não era você quem estava no controle. Não é possível mudar tudo do dia para a noite, e ficar com raiva de você mesmo só irá piorar as coisas.

Gentileza e bom humor são excelentes professores. Qualquer um pode meditar, mas alguns demoram um pouco mais para se acostumar. Ao perceber que sua mente divagou, simplesmente sorria e volte para a respiração. Depois de algum tempo, você vai notar que conseguirá se concentrar na respiração por mais tempo, sem divagar. Você também irá perceber que cada vez mais o lodo vai assentar-se, e sua mente ficará cada vez mais limpa.

Este é o primeiro passo (e talvez o mais difícil) no caminho da busca pelo significado: procurar um pouco de espaço e claridade.

Não é necessário estar sentado para meditar: é possível caminhar, correr, andar a cavalo ou executar outras atividades. Lembre-se: a meditação serve para acalmar a mente. Você pode meditar enquanto faz sua caminhada matinal: em vez de deixar a mente divagar sem rumo, fixe os olhos em um ponto na frente do seu pé (cuidado para não trombar em nenhum poste!) e visualize o lodo assentando-se no copo. Ou então corra, concentrando-se apenas em sua respiração (continue tomando cuidado com o poste!).

Quanto mais você meditar, mais encontrará calma dentro de si mesmo. Agora, pode contemplar sua vida livre do ruído da sociedade e está preparado para encontrar a paixão.

## Como encontrar a paixão

*O que quer que você faça na vida, faça com paixão... não se intimide pela concorrência, já que o sucesso é mais doce, e o fracasso menos amargo, quando você deu o máximo de si. Seja sincero consigo mesmo, a vida é sua! Você é o mestre do seu próprio destino, e é a paixão, não a árvore genealógica, que vai vencer no final.*

— Jon Bon Jovi

## NÃO VIVA PELA METADE

Calma, não estou falando de sexo (embora seja algo bom também). Estou falando sobre encontrar coisas em sua vida que liberem uma forte emoção. A paixão é uma boa indicação de objetivo, pois é algo muito irracional. Conheço pessoas que têm paixão por selos, árvores, insetos, abelhas, barcos, ursos... a lista é grande. Como você já deve ter percebido, tenho paixão pelo significado da existência.

A paixão é algo ótimo, pois quebra a definição linear de existência com que nossa sociedade tenta doutrinar as pessoas. Quando somos pequenos, as pessoas nos dizem o que devemos fazer; recebemos tarefas que devemos cumprir e somos julgados ou analisados com base no modo como fizemos aquilo. Em qual categoria você se encaixa? Bom, ruim ou medíocre?

*Onde o espírito não trabalha em conjunto com as mãos, não há arte.*
— Leonardo Da Vinci

Às vezes, a vida pode ser muito linear ou unidirecional. É muito difícil agir quando alguém fica a toda hora perguntando o que você está fazendo. A paixão acaba com isso, pois, quando se está apaixonado por algo, se é feliz por simplesmente estar naquela situação. É claro que é ótimo quando conseguimos ser vencedores, os melhores em relação à nossa paixão, mas não é o fim do mundo se isso não acontecer. Se você está bem com sua paixão, já basta.

Levemos em consideração meu exemplo. Amo pensar sobre as coisas e escrever tudo; algo dentro de mim me leva a fazer isso. Estou sempre tentando fazer com que o mundo tenha sentido, portanto fico feliz em fazer isso sem um objetivo final em mente. O ato é o suficiente. Isso pode irritar um pouco as pessoas. Minha mãe ficou tão cansada de me ouvir perguntar "por quê?" quando eu era criança que até me comprou *O livro dos porquês*.

Se você não gosta de escrever, pode fazer esculturas. Conheço pessoas que fazem esculturas e nunca vendem seu trabalho, mas amam fazer isso. Ou ainda o pesquisador que passa anos e anos tentando encontrar a cura para o câncer, sem êxito. A paixão as conduz. Talvez para nós pareçam loucas, mas elas são muito felizes.

Quando você encontrar um pouco de paz interior, será o momento de fazer a pergunta sobre a paixão. Talvez a resposta seja surpreendente, e eu garanto que você ficará muito feliz em reconhecer sua paixão. Talvez você não encontre uma resposta logo e distraia-se com algo que acha legal. Por exemplo: acho legal ouvir música, mas não sou apaixonado por isso; eu ficaria louco se precisasse ouvir música todos os dias. Eu adoro mergulhar, é uma excelente atividade de escapismo, e eu poderia ficar viciado nela, mas não sou apaixonado por isso como missão de vida.

Faça uma lista de todas as coisas pelas quais você é apaixonado e depois comece a analisá-las com maior detalhamento. Decida quais são legais, quais são feitas por escapismo e quais são paixões. E um aviso: lembre-se de que você vai remar contra a maré e se afastar da visão de mundo que tinha até então. Ninguém diz que a vida deve ser guiada pela paixão. As pessoas dizem coisas do tipo: "A vida se resume em trabalho árduo" ou "A vida se resume em realizações." Não se surpreenda se disserem que você é louco quando contar que deseja ser entomologista.

Mais uma vez, lembre-se de ser gentil consigo mesmo, pois esse processo pode levar algum tempo.

## Anotações
Sou apaixonado por...

.................................................................................................................
.................................................................................................................
.................................................................................................................
.................................................................................................................
.................................................................................................................
.................................................................................................................
.................................................................................................................
.................................................................................................................
.................................................................................................................

## Errar não é uma opção

*Nossas dúvidas são traidoras e fazem com que percamos o que de bom teríamos a ganhar apenas porque temos medo de tentar.*
— **Measure for Measure**, Shakespeare

O que vai acontecer se você tentar e não conseguir? O medo de errar conduz muitos de nós. O que você faria se soubesse que não tem como errar? Essa é outra pergunta a ser respondida para ajudá-lo a encontrar o objetivo.

## SEJA VOCÊ MESMO

Para que a "força da vida" – ou talvez devêssemos chamá-la de "inspiração divina" – atinja você, é necessário livrar-se do medo. O medo nos bloqueia. Você conhece aquela sensação de querer muito fazer algo e, de repente, sentir que fica difícil até respirar?

O que você faria se soubesse que não há escolhas erradas? Essa é uma boa pergunta a fazer quando precisar tomar uma importante decisão. Acabe com o medo e estará mais perto de obter uma resposta mais próxima ao seu verdadeiro objetivo.

*Acabe com o medo e estará mais perto de obter uma resposta mais próxima ao seu verdadeiro objetivo.*

**Anotações**
Se soubesse que não há escolhas erradas, eu...

...........................................................................................
...........................................................................................
...........................................................................................
...........................................................................................
...........................................................................................
...........................................................................................
...........................................................................................
...........................................................................................
...........................................................................................

## Cego de cobiça?

Vivemos em um mundo dominado por desejos materiais que só podem ser realizados quando temos muito dinheiro. É assim que acabamos cheios de cobiça. A busca pelo dinheiro pode nos conduzir a uma caçada sem fim, e há muitas pessoas e instituições que tentam levá-lo para esse caminho.

Embora nossa sociedade tenha sido fundada com base em ideais de liberdade e igualdade, estabelecemos um sistema cujo objetivo é tirar essa liberdade. Já mencionei que o meio para uma existência auto-suficiente foi tirado de nós pelo Estado. Isso significa que você não pode simplesmente decidir que irá contra a sociedade e que se defenderá sozinho. Prepare suas armas e, em breve, haverá uma busca para encontrá-lo e trazê-lo de volta a esse mundo.

Dirão: "Quem é você? Vamos levá-lo de volta à sua casa. Caso você não tenha uma, cuidaremos de você." Em vez de ser um caçador que se defende sozinho na selva, você vai se tornar um sujeito deplorável na fila para pegar comida na instituição local.

*A busca pelo dinheiro pode nos conduzir a uma caçada sem fim.*

Voltando ao assunto do dinheiro: assim que começar a trabalhar, todos os tipos de pessoas e instituições chegarão a você oferecendo dinheiro para que você adquira bens tentadores, que irão mostrar ao mundo que você é um membro rico e respeitado da sociedade: novos carros, rádios, roupas, bicicletas e qualquer coisa que faça com que você se afunde no cartão de crédito. O objetivo deles é emprestar a quantia que você poderá pagar sem que fuja. Eles trabalham em empresas que fazem e anunciam os produtos: "compre este carro e você será uma lenda"; "compre estas roupas e você será um cara legal"; "compre, afinal, Elle MacPherson usa"!

## SEJA VOCÊ MESMO

Antes que perceba, você está de mãos atadas. Sem ao menos pensar bem sobre o que quer fazer, você saiu da escola, arranjou um emprego em um banco e agora está com tantas dívidas que nem pode pensar em sair de lá. Mas você bem que pensa em pedir demissão... Não se preocupe! Há muitas pessoas com quem falar sobre as injustiças da vida, depois de alguns goles, claro! Eu sei que você adoraria fazer algo que realmente ama, mas primeiro precisa pagar aquela droga de dívida do cartão de crédito.

Esqueça, isso não funciona: nunca espere as coisas acontecerem. Faça com que elas aconteçam. Descubra qual é sua paixão e lute por ela. Não espere se livrar das dívidas ou de outras coisas para, então, começar.

Enquanto não tiver um objetivo, você continuará apenas reagindo, e o que vai acontecer é o seguinte: você vai trabalhar pensando positivo, mas acontece alguma coisa, e você fica se sentindo mal o resto do dia. Enquanto está voltando para casa, vê algumas roupas legais em uma loja; a tentação é enorme e você não resiste. Ao chegar em casa, se sente mal por ter gasto tanto dinheiro. Então, sai e visita alguns amigos, bebe alguma coisa e fala sobre a injustiça da vida; de manhã, luta contra a ressaca para se levantar e começar tudo de novo. Já viu essa história em algum lugar?

Não faça mais isso! Nos momentos de dúvida, pergunte-se: se eu ganhasse um milhão de dólares, continuaria fazendo as mesmas coisas ou largaria meu emprego?

Se você é capaz de largar seu emprego imediatamente, o que o impede de fazer isso agora? A cobiça? O dinheiro deve servir a você, não o contrário.

Tenha um objetivo, para que consiga caminhar rumo à solução de seus atuais problemas. Não espere livrar-se da situação atual para determinar seu objetivo. Isso não acontecerá. Você precisa de objetivos claros para ter em que se segurar nessas horas difíceis, para ajudar você a resistir à nova roupa, ao novo carro, ao relógio ou telefone da moda. Não se deixe sugar pelo sistema. Não se deixe controlar pelo dinheiro.

## A morte é sua aliada

*Morrer não é nada.*
*O pior é nunca ter vivido.*
— **Les Misérables**, Victor Hugo

Há uma tribo indígena americana que acredita que a morte nos segue onde quer que estejamos. Supostamente, ela fica na direção do nosso ombro esquerdo e, se você olhar rapidamente para trás, conseguirá vê-la de relance. Nossa morte nos segue, esperando pelo momento certo. De vez em quando, se ela notar um espaço, bate em nosso ombro para que nos lembremos da presença dela.

Isso aconteceu recentemente com uma amiga minha. Ela havia terminado os estudos e trabalhava em um emprego qualquer; sempre que possível, saía com os amigos. Certa vez, após ir ao médico para cuidar de uma dor de garganta, ela tomou alguns antibióticos e sofreu um choque anafilático. Quando estava voltando para casa, a garganta começou a inchar de tal forma que minha amiga não conseguia respirar; ela parou o carro e desmaiou imediatamente. Por sorte, alguém a encontrou e levou-a a um hospital, onde conseguiram reanimá-la depois de ter ficado sem respirar por alguns minutos.

Que efeito isso teve nela? Ela disse que percebeu como é fácil morrer e que costumava pensar que haveria um tipo de aviso antes da morte, como ficar doente – aquela cena que vemos no cinema, em que os médicos, com uma cara fechada, dizem: "As notícias não são nada boas. Você só tem mais seis meses de vida." Mas não é bem assim. De uma hora para outra, você pode morrer, sem aviso, sem luzes nem sirenes, sem nada...

No Ocidente, gostamos de pensar que somos imortais; vivemos como se tivéssemos muito tempo para fazer tudo o que queremos. De repente, estamos velhos e próximos da morte e ficamos pensando em como teria sido, sobre como as coisas poderiam ter sido diferentes. Mas aí já é tarde demais...

O que fazer então? Bem, a morte nos segue por um motivo: ela é nossa melhor conselheira. Não há nada mais poderoso do que uma pessoa que está preparada para viver agora, neste instante, tendo em mente que pode ser o último momento de sua vida.

*Se você está perdido e procurando um objetivo, a morte pode ajudar.*

Se você está perdido e procurando um objetivo, a morte pode ajudar. Parece estranho, não é? Acompanhe meu raciocínio: muitos de nós vivemos de trás para a frente. Olhamos para a frente, sempre pensando que há muito tempo para fazermos tudo o que queremos; então, de repente, como o dia marcado para a entrega de um trabalho escolar, a morte está bem ali à sua frente, e você precisa apressar tudo.

Tente observar as coisas por outro ângulo: imagine a cena de seu leito de morte. Quem está lá? Quem não está? O que estão falando sobre você? Agora escreva seu elogio fúnebre. Parece estranho? Não consegue fazer isso? Tente ir a um velório e procure ouvir o que dizem. Eu sei que isso parece um tanto macabro, mas, se fosse tão fácil descobrir seus objetivos, alguém daria a você um livro de instruções no dia do seu nascimento. Imagine só: "Aos 19 anos, você vai conhecer uma menina adorável chamada Sally. Você quase irá se apaixonar por ela, mas não se apaixone. Ela vai trocá-lo pelo capitão do time de futebol. Saia com a Jenny, ela é bem mais legal."

## NÃO VIVA PELA METADE

Enfim, voltando à morte. Siga-a, ela é sua amiga e vai ajudá-lo a saber o que fazer com todas as coisas pelas quais você é apaixonado.

Ah, e sobre a minha amiga que quase morreu? Ela largou o emprego e decidiu correr atrás de sua verdadeira paixão. Agora, é uma instrutora de mergulho muito bem conceituada e tem uma clareza de objetivo admirável para alguém tão jovem. Ela tem medo da morte? Não, pois agora está vivendo o objetivo dela, e isso se reflete em tudo o que faz.

Portanto, não espere morrer para começar a viver. Siga a morte e, conscientemente, escolha a vida.

**Anotações**
Meu elogio fúnebre será...

.................................................................................................
.................................................................................................
.................................................................................................
.................................................................................................
.................................................................................................
.................................................................................................
.................................................................................................
.................................................................................................

## O QUE IRÁ GUIÁ-LO?

*O caráter de uma pessoa é seu destino.*
— Heráclito

Qual é seu preço? Você pode ser comprado? Se puder, você é barato ou caro?

Admiramos os heróis dos filmes, que se sacrificam por seus princípios. Você sabe de que tipo de filme estou falando – aqueles em que o herói é capturado pelos caras malvados, e esses caras torturam o herói para saber uma informação valiosa. O herói fala? Nem pensar. Ele prefere agüentar a dor a revelar o segredo.

Legal, mas... o que você faria na mesma situação? Qual é seu limite? Há vários programas de TV que mostram que, por algum dinheiro, as pessoas fazem qualquer coisa – inclusive tramóias e planos pelas costas dos concorrentes. Já viu isso em algum lugar?

Precisamos de princípios e valores que nos guiem. Caso contrário, seremos apenas como folhas de outono no vento, soprados para todos os lados. Esses princípios e valores fazem com que nos mantenhamos na linha e nos ajudam a confiar não apenas nos outros, mas principalmente em nós mesmos.

Se soubermos quem somos e no que acreditamos, seremos livres para buscar os melhores relacionamentos e oportunidades; se não sabemos no que acreditamos, aceitamos qualquer coisa que aparece. É preciso coragem para ter confiança, coragem para lutar pelo que acreditamos – não confrontar, mas discordar de maneira gentil, porém firme, assim como uma árvore, que balança ao vento calmamente, mas que está bem fixa no solo.

Se soubermos no que acreditamos, teremos uma base estável para explorar as idéias de outras pessoas e os valores de outras culturas. A partir dessa base, poderemos ter amizades profundas e desafiadoras, baseadas na sinceridade e na confiança. A integração entre nossos valores e nossas ações nos dá uma força de espírito que todos ao redor percebem; a falta de integração também aparece com a mesma rapidez.

Então, como lidar com isso? Como você determina os valores e princípios mais importantes?

Faça uma lista; pense em todas as pessoas, reais ou não, que você admira e escreva o porquê dessa admiração. Por exemplo, admiro Martin Luther King, pois ele lutou pela igualdade racial mesmo em uma época em que era muito perigoso fazer isso; também admiro o personagem Maximus, do filme *Gladiador*, pois ele lutava pela justiça, e Muhammad Ali, que abriu mão do título mundial de boxe da categoria peso pesado pelo direito de escolher sua crença religiosa.

Com a lista em mãos, identifique quais são os valores ou princípios pelos quais essas pessoas lutaram e que fizeram com que você as admirasse. Os valores são normalmente uma palavra, mas há dois tipos diferentes. Os "valores intrínsecos" são os valores propriamente ditos: liberdade, justiça, honestidade, igualdade, etc. Os "valores instrumentais" possuem validade por meio de uma ação; por exemplo, a produtividade é um valor, mas não possui um valor nela mesma, apenas por meio daquilo que nos permite alcançar através de uma ação.

Outro ponto a ser analisado sobre os valores é o fato de não os vermos: vemos apenas as ações que refletem os valores. Por exemplo, se você acha que sou honesto, não é porque tenho a palavra "honesto" pintada na testa, mas, sim, porque você observou meu comportamento durante um tempo e chegou à conclusão de que eu ajo de forma confiável. Sob essa perspectiva, os valores são como *icebergs*: a maioria se esconde abaixo da superfície. Precisamos adivinhar o que há abaixo, com base no que vemos acima da superfície.

**Anotações**
Pessoas que eu admiro. Por quê?

Principais valores e princípios.

## Falar é fácil

Pronto, agora você tem uma lista de valores que almeja. Mas falar deles é fácil: você precisa parar e refletir se realmente os pratica. Você faz o que fala?

Uma forma de descobrir isso é analisar os momentos críticos de sua vida em que seus valores foram testados. Não importa o passado: a partir de agora, vamos agir com seriedade e cortar o mal pela raiz; um valor só passa a ser realmente um valor quando você se dispõe a pagar o preço para mantê-lo. Você não pode dizer que acredita na honestidade e ficar contando mentiras o tempo todo.

Momentos críticos são aqueles em que você se depara com uma decisão difícil. Geralmente, é uma escolha entre o certo e o certo. "Certo e certo?" Sim. Dilemas de "certo ou errado", como, por exemplo, "Eu deveria trapacear no jogo de golfe?" são fáceis. Os dilemas mais difíceis são aqueles entre "certo ou certo".

Nesses momentos, nos deparamos com uma bifurcação na estrada da vida. Precisamos escolher não apenas os valores nos quais acreditamos, mas também mostrar a força com a qual acreditamos neles. Nossas ações revelam nosso caráter, pois o caráter é a ação. Seja qual for a escolha feita nesses momentos, elas irão mudar sua vida daquele ponto em diante e influenciar no modo como você vê a si mesmo.

*Nossas ações revelam nosso caráter, pois o caráter é a ação.*

Pense no jovem Andrew Jackman: ele tem 12 anos de idade e está em uma aula de matemática muito chata. Acabou de ser transferido de uma outra escola e está sentado no meio da sala procurando novos amigos. Billy Brown é um gordinho encrenqueiro, e Andrew sabe que ele é o líder dos bagunceiros da classe. De repente, Billy joga um papel no professor, que está de costas para a turma. O sr. Ross Farmer, um homem careca e mal-humorado que está quase se aposentando, bate na nuca, nervoso. Ele se vira, irritado pela dor e, mais ainda, pelas risadinhas dos alunos.

– Quem jogou isso? – ele pergunta.

Silêncio.

– Eu perguntei quem jogou isso.

O silêncio continua.

– Se o culpado não se entregar imediatamente, todos vocês ficarão de castigo e receberão uma advertência na agenda!

Ross Farmer analisa cada um dos alunos com seus olhos azuis; Andrew se encolhe em seu lugar, evitando desesperadamente o contato visual com o professor. Tarde demais.

– Sr. Jackman, a visão daí é ótima. O senhor viu quem jogou isso?

Andrew olha para o professor. Todos os alunos estão olhando para ele. Billy Brown olha fixamente para Andrew, de um modo ameaçador.

– Sr. Jackman, suponho que, se o senhor não sabe me dizer o nome do culpado, é porque foi o senhor quem jogou. Sendo assim, serei forçado a relatar o incidente ao diretor e suspendê-lo. Não é a melhor forma de se começar em uma nova escola, hein?

O que Andrew deveria fazer? O correto seria dizer a verdade, mesmo que a partir daí ele dificilmente conseguisse fazer amigos; mas, por outro lado, também seria correto manter-se fiel aos alunos, como um sinal de coleguismo.

### NÃO VIVA PELA METADE

O que você faria? Como suas escolhas fariam com que sua vida mudasse a partir de um determinado momento? Que preço devemos pagar para seguir determinados valores? Qual é o limite?

Outro exemplo. Imagine como você sairia da seguinte situação: você está bebendo alguma coisa em um barzinho. Sua melhor amiga entra, com um cara que não é o namorado dela. Ela vê você e fica constrangida com a situação; você a chama de lado e pergunta o que está acontecendo. Ela explica que não é nada e implora para que você não conte ao namorado dela.

No dia seguinte, o namorado liga e pede para você encontrá-lo para tomar um café; durante o café, ele conta que está desconfiado de sua amiga e pergunta se você sabe o que está acontecendo. Para piorar as coisas, você tem uma quedinha por ele há algum tempo, mas nunca se manifestou por causa da sua amiga. E agora, o que você faz?

Digamos que você opte por ser fiel à sua amiga e não conte a verdade. Uma semana depois, ele descobre e fica furioso. Você vai consolá-lo (com o intuito de, talvez, fazer ele sentir algo por você), mas ele briga com você e a chama de traidora, pois um amigo dele viu não apenas a namorada e o outro cara, mas você também. Suas chances com ele já acabaram. Além disso, ele vai espalhar para todo mundo que não só sua amiga, mas também você, são traidoras. A fidelidade à sua amiga custou caro e irá mudar sua vida a partir dali. Valeu a pena?

A questão é que nunca entendemos o verdadeiro significado das coisas quando elas ocorrem. Somente quando o presente se torna passado, as coisas passam a ter algum sentido. Quanto ao Andrew

Jackman, ele decidiu não contar a verdade ao professor, e agora ele e Billy são ótimos amigos, embora estejam dividindo uma cela numa prisão de segurança máxima. Ou então Andrew decidiu contar a verdade e hoje em dia é chefe dos fiscais do imposto de renda.

Nunca se sabe o que pode acontecer. Não podemos prever o futuro nem voltar ao passado, só temos o aqui e o agora. A única opção é escolher alguns valores e princípios importantes e fazer com que eles nos guiem, para que consigamos nos olhar no espelho no final do dia. Se apenas fingirmos que nada está acontecendo, será mais fácil perdermos o controle da situação.

Não estou dizendo que há um caminho certo e um errado. Estou dizendo que você precisa identificar o que é certo para você. Se não fizer isso, você se deixará levar por qualquer um. Também não estou dizendo que você precisa se tornar um "policial". Vamos encarar assim: o Pai Nosso não diz "perdoai as nossas ofensas" porque é bonito. Diz aquilo porque cometemos erros todos os dias, portanto precisamos perdoar os outros e, mais importante, nos perdoar. O conceito de carma funciona muito bem com os valores. Tenha a certeza de que, se você sair por aí julgando todo mundo, será atingido pelo julgamento também. Seja gentil, é só isso.

*Nunca se sabe o que pode acontecer. Não podemos prever o futuro nem voltar ao passado, só temos o aqui e o agora.*

Não conseguir agir de acordo com as coisas em que acreditamos faz com que fiquemos com raiva. A ação leva à coragem, e a coragem aparece apenas por meio da força da crença.

Considere uma situação de trabalho em que um grupo de pessoas está na hora do intervalo; duas mulheres que trabalham lá há muito tempo estão com muita raiva de uma jovem que acabou de começar. Você as ouve, pensando em como são desagradáveis e como alguém deveria pedir para elas pararem. Você está um pouco preocupado, pois está treinando a jovem e sabe que, apesar de ser um pouco desajeitada, ela tem boas intenções. De repente, ela aparece, olha para você com os olhos cheios de lágrimas, vira as costas e sai – ela tinha ouvido tudo.

Você corre atrás dela para consolá-la, mas ela diz que está se sentindo traída e que achava que você, pelo menos, iria defendê-la. Você vai para casa e se olha no espelho. Tudo em que consegue pensar é: "Eu deveria ter dito algo." Entendeu a idéia?

Desenvolva seus valores e princípios. Depois observe, HONESTAMENTE, se está vivendo como realmente gostaria. Se você acha que há um grande espaço entre quem você é e quem você quer ser, não se culpe! Apenas tenha em mente o trabalho que terá pela frente e aplique as lições que já aprendeu.

## A VISÃO ESPLÊNDIDA

Vamos fazer uma lição intensiva, pois até agora tudo parece muito fácil...

Primeiramente, fique tranqüilo. A vida anda tão rápido ultimamente que você precisa criar uma descontinuação para poder mudar de direção. Há uma frase em um filme antigo em que dois bandidos estavam no deserto; eles fizeram uma pausa para descansar um pouco e um deles ficou parado, divagando.

– O que você está fazendo? – o outro perguntou.

– Às vezes, é preciso parar e ficar olhando ao redor – o bandido respondeu.

Não é verdade? Faça isso ou aquilo, apresse aqui e lá, entre, saia, verifique isso, aprove aquilo... CHEGA! Respire beeeeem fundo e olhe ao seu redor.

Há alguns anos, viajei com um amigo meu. Queríamos colocar uma mochila nas costas e andar pelo mundo, mas, como tínhamos pouco tempo, nós nos apressamos. Após quatro semanas de viagem, acho que já havíamos visitado sete ou oito países. Estávamos no Louvre, em frente à Mona Lisa. Olhamos para ela e depois nos olhamos.

– Pensei que fosse maior – meu amigo disse.

– Pois é – eu respondi indiferente. – E agora?

Ficamos desanimados diante daquilo, assim como você fica com a rotina da vida. Então, pare, crie uma descontinuação, olhe ao redor e fique tranqüilo para que você consiga acalmar a mente.

Em seguida, pense na questão da paixão. Faça uma lista de possibilidades. Como eu disse, você poderá não achar logo a sua paixão, mas, pelo menos, terá várias possibilidades para analisar. Esqueça o medo, ele poderá confundir você.

Depois, vem a morte, que nos lembra um ponto fundamental: está na hora de viver a vida de trás para a frente. Ao escrever seu elogio fúnebre, encontre um lugar quieto e comece a visualizar a vida ideal.

Quem está lá? Que tipo de pessoa está lá? Como essas pessoas tratam você? Onde você está morando? Em que tipo de lugar você mora? O que você tem? O que você está fazendo? Isso está ligado à questão da paixão. Existe uma ótima história sobre um técnico de futebol dos EUA que, quando era jovem, organizou uma lista

*Está na hora de viver a vida de trás para a frente.*

de todas as coisas que queria fazer antes de morrer. A lista tinha 107 coisas e, quando o técnico estava com mais ou menos 65 anos, já havia realizado 91 delas. Experimente fazer o mesmo. O resultado poderá ser surpreendente.

O que as pessoas falam sobre você? Elas acham você uma pessoa repugnante, com dupla personalidade, com a qual não querem nenhum contato? Ou falam sobre você com respeito?

De qualquer forma, além dessas coisas, você precisa criar uma visão esplêndida que possa enxergar, sentir, tocar, cheirar e ouvir. Os atletas de elite alcançam resultados surpreendentes porque praticam isso muitas e muitas vezes. Saiba o que você quer e tenha isso em mente; assim, as chances de conseguir serão muito maiores.

> *Peça ao mundo ótimos presentes.*
> *Assim, você o encoraja a dá-los a você.*
> — Anon

Se você conseguir fazer isso, estará na metade do caminho para mudar sua vida. Uma vida com objetivo é muito mais completa do que o vazio de ser arrastado de um lado para outro. O próximo passo é fazer com que essa visão esplêndida se torne realidade, e ser feliz!

**Anotações**
Minha visão pessoal é...

.................................................................................

.................................................................................

.................................................................................

.................................................................................

.................................................................................

.................................................................................

.................................................................................

.................................................................................

# **SEJA** FELIZ

### Feliz?

Enfim, o que é felicidade? Mahatma Gandhi dizia: "Felicidade é quando há harmonia entre o que você pensa, diz e faz". No dicionário, a definição é "contentamento". Mas isso tudo é pura ilusão.

Se você sair por aí perguntando às pessoas se elas são felizes, a maioria irá encolher os ombros e dizer "claro", mas, na verdade, elas não têm certeza disso. A felicidade é uma emoção mediana. O único momento em que temos certeza de que estamos felizes é quando estamos alegres e, por outro lado, sabemos que estamos infelizes quando estamos tristes. A felicidade, ou a ausência dela, é o que é deixado para depois quando nada está acontecendo. Experimente fazer o seguinte: vá a algum lugar, sente-se e não faça nada, deixe tudo como está e veja... está feliz ou não?

## NÃO VIVA PELA METADE

Será que nascemos felizes e isso é tirado de nós quando crescemos? Ou é um estado artificial que devemos buscar? Se você passar um tempo com bebês, verá que normalmente alguns são felizes e outros são tristes. Talvez você pensasse que, nessa fase, a felicidade poderia ser completa, afinal só é preciso satisfazer alguns desejos básicos como, por exemplo, comida e carinho; no entanto, logo se percebe que até os bebês têm dias ruins.

Até mesmo os cachorros têm dias ruins. Um amigo meu tem um cachorro velho chamado Milo. Há dias em que ele fica tão triste quanto uma pessoa. Você dá comida, dá carinho, fala com ele, mas ele olha para você com os olhos murchos como se estivesse dizendo: "Muito obrigado, mas meu dia está péssimo. Por favor, me deixe sozinho."

Talvez a felicidade seja realmente um estado artificial que temos de buscar. Se os bebês e os cachorros também têm dias ruins, como eles se livram disso? Basta esperar o tempo passar, satisfazer os desejos e tudo melhora? O problema é que, quando crescemos, nossa lista de "desejos básicos" fica maior. Em vez de simplesmente precisarmos de comida e carinho para sermos felizes, precisamos de tênis mais modernos, novos aparelhos de som e roupas mais legais. E o mais importante, no topo da lista, é o reconhecimento dos colegas.

Sem perceber, ficamos escravos de nossos desejos. Vemos a infelicidade como um estado artificial. Logo que ficamos tristes, tentamos rapidamente ignorar o fato: saímos, visitamos alguns amigos, bebemos algo, tomamos um remédio e opa... começamos tudo de novo.

Isso me lembra uma música que pergunta por que Deus seria tão cruel a ponto de nos dar sentimentos que nunca serão satisfeitos por completo. O fim da música diz que a verdadeira liberdade é aquela que vem dos desejos do coração. Será que a dica é essa?

A felicidade se resume a não perder seu "eu" no caminho. Somos jogados no rio da vida quando nascemos; somos carregados, empurrados por algumas correntezas e presos a outras. Por um momento, tentamos desesperadamente nos controlar. Tentamos nos segurar firme, sem perceber que essas correntezas nunca terão força suficiente para nos manter presos por mais de um momento. Então, elas se desfazem ou nós perdemos força e... lá vamos nós de novo!

> *A felicidade se resume a não perder seu "eu" no caminho.*

Para sermos felizes, talvez precisemos deixar de lado a idéia de que as coisas devem ser de um jeito ou de outro e, simplesmente, aceitar o fato de elas existirem. Será que é por isso que as drogas atraem tanto? Acho que sim. Quando você está drogado ou bêbado, não tem preocupações com o seu "eu" porque é exatamente essa parte que fica "desligada". Por outro lado, quando você está fazendo algo que ama, também esquece as preocupações. Escapismo? Sim, mas do quê?

## ■ Você

Preste atenção! A vida é um vício. É aquele macaco fora do controle; ele pode estar correndo furioso, pulando de árvore em árvore sob o efeito de drogas, se enchendo de doces ou no meio de mais uma sessão de "terapia de compras". De qualquer forma, sua mente está tão agitada que você não consegue ver nada e não tem a menor idéia do que está acontecendo.

Ou então o macaco poderia estar envolvido de maneira muito profunda em alguma coisa pela qual você sinta paixão. Assim, não haveria necessidade de controlar o macaco nem de fugir de seu "eu".

Moral da história: escolha seus vícios sabiamente.

Se alguém disser que nunca passou por dias ruins, estará mentindo. Passar por dias ruins faz parte do ser humano; a diferença é o modo como lidamos com isso. Algumas pessoas colocam muita energia na infelicidade, e essa energia poderia ser usada para que elas fossem felizes. Outras tentam superar a tristeza. O segredo é fazer sua escolha: você quer ser feliz ou não? O que vai fazer para que isso aconteça?

Não deveríamos evitar a infelicidade nem acreditar que não é um estado natural do ser humano. Nós nos sentimos infelizes por um motivo: precisamos mudar algo. Talvez precisemos apenas mudar o modo como respondemos a uma situação, mudar de emprego, de relacionamento ou então a vida toda.

De qualquer forma, o segredo é a escolha, ou melhor, a liberdade de escolha. Para sermos felizes, precisamos sentir que somos livres para que tenhamos as coisas que desejamos. A alegria surge quando seguimos nossas paixões; a amargura é resultado da falta de liberdade; a felicidade está relacionada ao propósito e ao fato de acreditarmos que é possível mudar as coisas.

Se você quer ser feliz, a primeira coisa a fazer é ter isso em mente. Tome uma decisão e corra atrás de seus objetivos. Seja feliz!

## Esteja pronto para o combate

Felicidade: você a quer muito? Está disposto a lutar por ela ou acha que ficando de braços cruzados ela vai chegar a você de bandeja?

Se você quiser sentir pena de si mesmo, fique à vontade. Há muitas pessoas que querem fazer companhia a você e muitas outras que irão vender-lhe coisas para ajudá-lo a curar seu mal-estar. Não pense que as drogas são coisa recente. Faz tempo que as pessoas tentam fugir da dor da realidade. Algumas sempre farão isso.

Os povos antigos usavam drogas como uma forma de abrir portais para outros mundos e vislumbrar realidades não imaginadas. No entanto, quando usadas simplesmente como um meio de fuga, as drogas correspondem a uma saída fácil. O caminho para a paz e a felicidade duradouras é aquele que usa a coragem e a vontade para lutar, e, para lutar, é preciso estar bem preparado.

Embora, às vezes, ajamos como se nossos elementos estivessem separados, na verdade, eles estão muito unidos. Nossa mente, nosso corpo, nosso espírito e nossas emoções estão profundamente interligados. Se ignorarmos um elemento, e ele começar a incomodar, esse incômodo rapidamente irá se espalhar pelas outras partes. Nada pode ser visto de modo isolado.

Se você quiser estar emocionalmente preparado para lutar por sua felicidade, é necessário estar preparado física, espiritual e mentalmente. Faça uma auto-reflexão. Que imagem você tem de si mesmo? Você estava gordo ou magro? Preguiçoso e apático ou ativo e vigoroso? Em dúvida ou não?

Nossos pensamentos nos enganam, fazendo com que acreditemos que, de alguma forma, eles são melhores do que nossos corpos. No entanto, os cientistas descobriram que isso também funciona pelo caminho oposto. Pense um pouco nisso. No passado, diziam que, se estivéssemos tristes, bastava nos convencermos de que estávamos felizes, e pronto, as coisas mudavam. Agora, dizem que basta sorrirmos para que possamos convencer a mente de que estamos felizes. Simples, não?

Então, as pessoas que andam por aí com um sorriso colado no rosto talvez estejam, no fundo, passando por algum momento difícil.

Se parecemos desanimados, nos sentimos desanimados; se nos sentimos desanimados, pareceremos mais desanimados ainda... é um círculo vicioso. Lembre-se: o fundamental é ter um propósito. Propósito de ser feliz, agir de modo feliz, parecer feliz, estar feliz, lutar para ser feliz...

*O fundamental é ter um propósito.*

A atividade física também é importante, pois ela move a energia. Quando estamos em movimento, percebemos como isso é importante e vemos que a tristeza e a depressão são coisas pequenas. Parecem personagens de desenho animado: baixinhas, com um nariz pontudo, chapéu e casaco pretos; nas mãos, carregam uma capa preta.

Minha tristeza chama-se "Mel", abreviação de Melancolia. Mel vem me visitar de vez em quando. Sinto quando está por perto, pois fico um pouco desanimado. Quando me visita, ela me segue pela casa, esperando que eu pare para que ela jogue a capa preta em mim e me leve para a depressão. Por sorte, ela não é muito alta, então precisa que eu fique parado por um tempo. Assim que isso acontece, ela ataca como um gato, jogando a capa, e lá vou eu. Entendeu?

Bem, a parte boa de tudo isso é que se você sabe quando a Mel está por perto, pode ficar em movimento para que ela fique confusa. Faça uma caminhada, corra, pedale, faça qualquer coisa para espantá-la. Como é que uma baixinha com uma capa vai pegá-lo se você estiver andando de bicicleta? Vale a pena tentar!

Também precisamos estar mentalmente preparados, pois lutar pela felicidade requer muito controle. Se não tivermos controle, poderemos perder oportunidades. Estas são chamadas de "portas" por um motivo: se você não entrar logo, elas se fecham.

Eu me lembro de que, quando me formei, um amigo dos meus pais sugeriu que eu fizesse a inscrição para obter uma bolsa de estudo em uma instituição na qual ele está envolvido, para que eu pudesse estudar na Inglaterra. Fiquei me sentindo o máximo e pensei que, se ele tinha perguntado isso a mim, eu poderia levar o tempo que fosse necessário para me decidir. Porém, quando finalmente decidi me inscrever, o prazo já estava encerrado. Que idiota eu fui. Perdi a oportunidade, e não havia uma segunda chance.

Uma pesquisa sobre o cérebro mostra que a mente é como os músculos do corpo: precisa ser exercitada para manter-se bem e saudável; se você não a exercita, ela fica fraca; se você a exercita, mas de forma limitada, ela fica dura e rígida, incapaz de fazer novas coisas. O trabalho da mente deve ser variado, desafiador e divertido, não adianta manter uma rotina. Tente fazer diversas coisas: dance, aprenda um idioma, jogue xadrez, toque um instrumento musical, leia... simplesmente varie e aceite desafios.

O espírito é a última área a ser exercitada. É algo impalpável, que tem o poder de nos levar para cima e além de onde jamais pensamos que fosse possível ir.

A terceira parte deste livro lida com o espírito de maneira mais profunda. Então, vou deixar isso para mais tarde. Agora, vamos falar de escolha.

## Destino x liberdade

Muitas pessoas dizem que a vida é predeterminada. Sendo assim, por que estamos tentando mudar as coisas? Vamos pensar assim primeiro: não existe um Deus, um ser superior ou uma consciência superior. Lembre-se de que isso pressupõe não haver um objetivo para a vida, pois não há uma força criadora.

Se esse for o caso, tudo o que fazemos e o que acontece conosco foi predeterminado. Portanto, não importa o que façamos, nada mudará. Tudo vai dar errado de qualquer forma.

Se isso for verdade, realmente a vida é sofrimento, e não passamos de fantoches à mercê de nossos desejos, alternando entre a alegria que vem da concretização de nossos desejos e a dor que sofremos por não conseguir concretizá-los. Se você acreditar nisso, precisará ter prazer em tudo o que fizer, pois nada irá mudar o resultado de sua vida.

Para mim, isso é uma fuga, pois você está se recusando a assumir a responsabilidade do que acontece a você ou do que você faz. "Tinha de acontecer" é o que as pessoas que acreditam nisso dizem. Essa visão da vida isenta você de responsabilidade, mas não lhe dá liberdade verdadeira, pois talvez você acredite que suas mãos estão amarradas desde seu nascimento.

Se você acredita nessa visão do mundo, é melhor parar de ler agora, pois não há motivo para tentar mudar sua vida ou seu mundo. A propósito, se você está pensando que essa visão da vida me irrita, está totalmente certo.

Mas voltemos ao destino. Suponhamos, agora, que você acredita em Deus ou na presença de um ser superior. Preciso deixar isso claro, pois algumas pessoas têm aversão ao termo "Deus" devido à idéia de um Deus homem sentado acima de nós e nos observando com olhar de julgamento. Quando me refiro a Deus, estou me referindo à idéia de uma força criadora ou poder superior que permeia todas as coisas.

O povo banto, da África, acredita que Deus rege o presente, o passado e o futuro, mas que Ele não pode ser compreendido. Os cristãos acreditam que somos criados à imagem de Deus e, geralmente, usam uma figura masculina para representá-lo. Outras religiões acreditam que Deus é tudo e está em todo lugar.

*Diversos ensinamentos espirituais acreditam que há uma força de vida universal que permeia todas as coisas.*

Diversos ensinamentos espirituais acreditam que há uma força de vida universal que permeia todas as coisas. O que importa é o que se aplica a você. Geralmente a dúvida é: "Há uma força superior ou não?" Para minha comodidade, vou chamar de Deus, mas, por favor, não se deixe levar por isso. Como eu disse, tenha em mente a imagem que for mais adequada a você.

Ah, claro, o destino... Então, suponhamos que haja um Deus. Se tudo é predeterminado e não há liberdade de escolha, então Deus criou um mundo em que somos todos fantoches. Deus nos criou e nos colocou no mundo, mas ele já sabe o que vai nos acontecer. Não importa nosso esforço, não conseguiremos mudar nada. Toda a dor, o sofrimento, o esforço, etc. não têm muita utilidade.

O único que poderia se divertir com essa situação é Deus. Isso parece muito cruel para mim e totalmente contra a idéia de Deus. Um Deus amável e bondoso, que criaria um mundo em que nossa liberdade é tirada de nós, é uma contradição. Com base nisso, rejeito o conceito.

Um Deus amável, bondoso e gentil criaria um mundo em que tivéssemos liberdade de escolha e poder para mudar as coisas. Mas é claro que há certas coisas que não podemos mudar. Não podemos trocar de pais nem escolher o lugar onde nascemos; no entanto, podemos mudar as condições. Podemos continuar na sarjeta ou fugir. Podemos mudar o modo como reagimos ao que acontece ao nosso redor.

Uma observação importante: se, quando crianças, nos disserem que somos perdedores, sempre que algo ruim acontecer iremos dizer: "Tudo bem, sou um perdedor mesmo", e reforçar isso. Portanto, embora POSSAMOS mudar as coisas, isso não significa que será algo fácil, principalmente se você tiver uma imagem negativa de si mesmo. Isso me leva ao próximo tópico.

## A crença cria a realidade

*Eu não preciso ser quem você quer que eu seja.*
— Muhammad Ali

Já que fomos criados à imagem de Deus, então isso se aplica a TODOS nós, não apenas a alguns. Se algumas pessoas podem fazer coisas impressionantes, então TODOS nós podemos. Resumindo, VOCÊ É AQUILO EM QUE ACREDITA.

O que estraga tudo são as idéias loucas que colocamos na cabeça e as coisas em que a sociedade quer que acreditemos para que nos amoldemos a ela. A sociedade quer que arranjemos um emprego e nos adaptemos ao sistema econômico, para que possamos comprar coisas e encontrar a felicidade. As pessoas que dominam o mundo querem que nós acreditemos que tudo é questão de trabalhar muito.

Vivemos em um mundo bem estranho. Nos anos 70, falávamos sobre a "idade de ouro do lazer" que estava chegando. A semana de trabalho estava ficando mais curta, e as coisas estavam melhores. As pessoas acreditavam que, em pouco tempo, a semana de trabalho seria de quatro dias, com a esperança de que teriam mais tempo para passar com a família ou fazer outras coisas.

### ■ O que aconteceu?

A semana de trabalho ficou mais longa, as pessoas estão mais estressadas do que nunca, os pais passam cada vez menos tempo com os filhos e é quase impossível para uma pessoa de classe média sustentar a família com apenas uma fonte de renda. Pior ainda, há cada vez mais provas de que os recursos do planeta estão se esgotando e de que nossos netos irão herdar uma Terra devastada.

Alô? Alguém está me ouvindo? Está com a impressão de que estamos caminhando na direção errada? Não é de surpreender o aumento dos casos de depressão! Olhando objetivamente para o modo como as coisas estão acontecendo, como não ficar deprimido?

Mas as coisas não têm de ser assim. Precisamos de uma grande mudança e devemos ter fé de que iremos caminhar em outra direção. O mais importante de tudo é reivindicar nossa liberdade de escolher quem somos e que tipo de mundo queremos criar. Enquanto continuarmos apenas reagindo ao que está acontecendo ao nosso redor, nunca seremos livres.

> *Nada é bom ou ruim,*
> *mas o pensamento faz com que seja.*
> — **Hamlet**, Shakespeare

Nossas crenças criam nossa realidade. Se acreditarmos que somos idiotas, seremos idiotas. Nem sequer tentamos fazer coisas complexas, pois sabemos que não conseguiremos. Se acreditarmos em destino, iremos nos submeter a ele e não lutaremos para mudar as coisas. Se acreditarmos que somos ótimos jogadores de tênis, poderemos ser ótimos jogadores de tênis; isso não significa que seremos, mas a hipótese foi cogitada. Leve em consideração o contrário: se acreditarmos que somos péssimos jogadores de tênis, então nunca seremos bons.

Há algum tempo, a física quântica tem acompanhado essas idéias. O princípio da incerteza de Heisenberg diz que um objeto é afetado por sua interação com um sujeito. Nossos pensamentos são coisas. Em outras palavras (e eles testaram isso), se você olha fixamente para alguém, essa pessoa será afetada por seu olhar; algumas pessoas percebem quando são observadas com 90% de precisão.

O poder da crença coletiva é enorme. Não se esqueça de que uma coisa afeta a outra: aquilo em que você acredita afeta o que você pensa; o modo como você pensa afeta o modo de você falar; o modo de você falar afeta o modo como você é observado; o modo como você é observado afeta o modo como você é tratado; o modo como você é tratado afeta aquilo em que você acredita.

Se você pensar que é um vencedor, irá agir como tal. Se você agir assim, caminhará e falará como um vencedor, será tratado como tal: é a mente vencendo a matéria. Crença e intenção equivalem à criação. O truque é expor nossas ilusões, mergulhar fundo em nossa mente para que possamos determinar em que acreditamos tanto. Somos ajudados ou enfraquecidos por nosso subconsciente? Somos autodanificados ou auto-ajudados?

Nossa sociedade ocidental foi criada com base em um pensamento linear, que pode ser atribuído aos filósofos gregos (Sócrates, Platão e Aristóteles). No entanto, há outro modo de observar o mundo que é mais próximo ao poder da manifestação criadora. Se observarmos o mundo como um lugar em que a energia flui por meio das coisas e aceitarmos que nossos pensamentos e nossas crenças afetam essas coisas, o mundo será infinitamente criativo em cada minuto do dia.

Vamos dividir o mundo em três domínios: passado, presente e futuro.

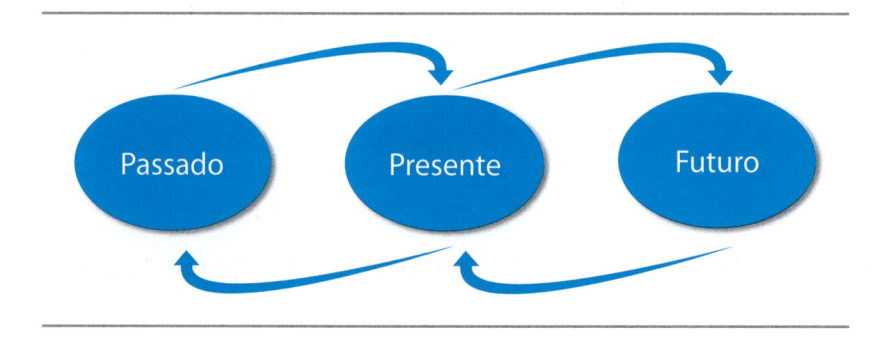

No passado, encontram-se nossas experiências, crenças, opiniões e julgamentos: resumindo, todas as coisas que fazem de nós o que somos hoje. Carregamos tudo isso para o presente, pois, quando nos deparamos com uma situação no presente, nosso primeiro ponto de referência é o passado. Por exemplo, se, no passado, disseram que não éramos atraentes, quando tivermos um encontro com alguém no presente, iremos agir de acordo com nossas crenças. Provavelmente, iremos criar o resultado esperado.

> *Quando nos deparamos com uma situação no presente, nosso primeiro ponto de referência é o passado.*

Tudo isso pode parecer muito simples, pois gostamos de acreditar que, como seres humanos, somos muito complexos e únicos. No entanto, é exatamente por isso que formamos padrões em nossas mentes. Mesmo as tarefas mais simples podem ser realizadas de várias maneiras. Se formos considerar todas as possibilidades antes de tomarmos uma decisão, ficaremos paralisados pela indecisão. Simplesmente o ato de nos vestirmos de manhã pode levar horas.

Há muito tempo, os cientistas reconheceram que nossa mente nos liberta dessa análise, operando como um sistema padrão de organização. Parece complexo, não é? Mas não é muito, não. Nossa mente está constantemente buscando padrões nas coisas que vemos e fazemos. Assim que acha um padrão, liga o modo automático e segue esse padrão sem considerar as outras possibilidades.

Observe a analogia que o dr. Edward De Bono utiliza. Imagine um deserto onde começa a chover; aos poucos, formam-se poças. Conforme a chuva aumenta, algumas poças se juntam, e a água começa a se espalhar de um ponto a outro. À medida que isso acontece, ela forma córregos que ficarão cada vez mais fundos. Na próxima chuva, a água irá diretamente a esses córregos, deixando-os cada vez mais fundos e, provavelmente, formando rios. O processo continuará, ficando cada vez mais automático.

## NÃO VIVA PELA METADE

O mesmo acontece com nossas mentes. Por exemplo, fomos treinamos para dormir, quando bebês. No começo, acordamos várias vezes durante a noite. Depois, para a alegria dos pais, dormimos a noite toda. Alguns bebês dormem apenas quando estão andando de carro. Isso faz com que pensemos: por que algumas pessoas sentem sono no volante quando ficam mais velhas? Irônico, não é?

A questão é: algumas coisas já vêm programadas em nossas mentes, formando padrões que seguimos sem pensar. Se nossa mente está acostumada a fazer tudo errado, será muito difícil acertar. Nosso passado compõe nossa visão fixa do mundo e dita como devemos observá-lo. Sem exceção, iremos reagir de acordo com nossas percepções. Nosso passado vai limitá-las, restringindo o modo como lidamos com situações no presente a apenas algumas opções, não considerando a verdadeira gama de possibilidades.

A maioria das pessoas vive 90% ou 95% no círculo passado/presente; pelo fato de saberem como o mundo é, elas obtêm exatamente o que esperam. Quanto mais elas ficam nesse círculo, mais profundos ficam os pensamentos, e mais difícil será para sair desse ciclo.

Quando nascemos, as pessoas fazem com que acreditemos que esse ciclo é o melhor caminho a seguir; podemos fazer pequenas melhoras, mas as grandes mudanças estão fora do nosso alcance.

Estamos presos em um círculo capitalista que está girando em círculo ainda menores. A maioria das pessoas age como simples passageiro, caminhando sem rumo, sem mudar as coisas; seguro, mas indo a lugar nenhum.

Vou falar de novo: não me surpreende ver tantas pessoas deprimidas e com instintos suicidas.

## Saindo do círculo

Às vezes, saímos do círculo sem querer. Ficamos tão irritados com determinada situação que decidimos não seguir novamente pelo mesmo caminho. Apagamos o que aconteceu no passado e começamos do zero. Isso acontece quando estamos caminhando rumo ao futuro. No futuro, tudo é possível, começamos realmente do zero e nada pode nos impedir.

O problema ocorre quando, no futuro, temos novas idéias, voltamos ao presente para contar às pessoas e elas tentam nos levar ao passado. Lembre-se de que o passo de volta é seguro, tranqüilo e, principalmente, apoiado por todos ao seu redor. Essas pessoas dizem o que não pode ser feito e ilustram com várias evidências do passado. Se você tentar fazer algo novo, na primeira vez em que alguma coisa der errado, haverá um coro falando para você : "Eu avisei."

Seja gentil com essas pessoas, mas não deixe que elas o atrapalhem. Reconheça que todos têm sonhos, mas poucos têm coragem de ir atrás deles. Sonhos mortos estragam dentro de nós. Se não conseguimos fazer o que queremos, nós nos tornamos pessoas amargas, e isso se manifesta como raiva, ciúme ou depressão. Não se surpreenda se as pessoas disserem que você não consegue fazer as coisas; elas estão apenas refletindo a visão fixa que têm do mundo.

Voltando ao assunto do círculo: se formos sair do círculo passado/presente para irmos ao círculo futuro/presente, precisaremos de novos pontos de apoio. No círculo passado/presente, esses pontos são todas as coisas que aprendemos serem corretas por meio de experiência e educação. A importância de tais pontos é reforçada pela sociedade, pois sofremos a lavagem cerebral de forma bastante uniforme.

Os três domínios da comunicação

```
   Passado  →  Presente  →  Futuro
      ↑_____|  |_____↑
```

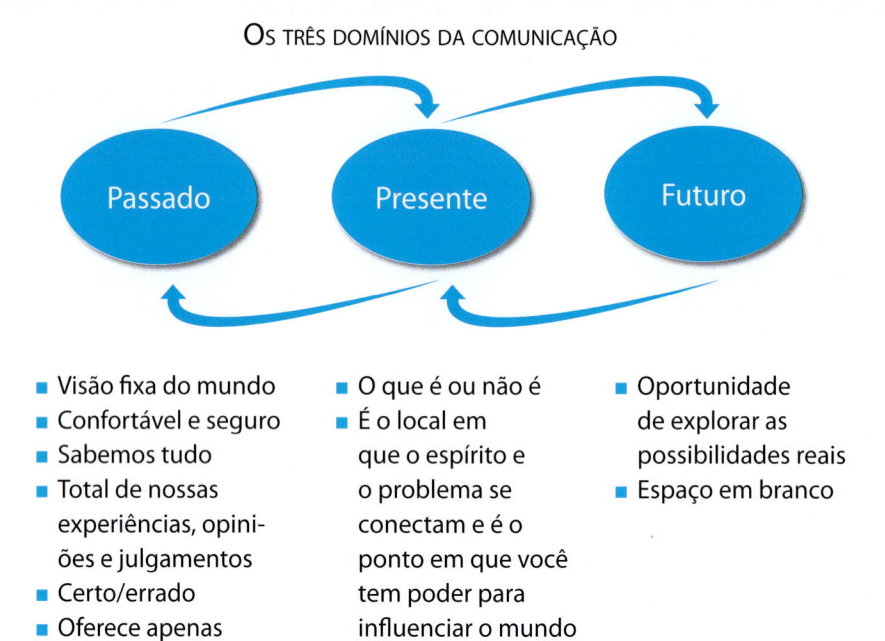

- Visão fixa do mundo
- Confortável e seguro
- Sabemos tudo
- Total de nossas experiências, opiniões e julgamentos
- Certo/errado
- Oferece apenas opções, não possibilidades reais

- O que é ou não é
- É o local em que o espírito e o problema se conectam e é o ponto em que você tem poder para influenciar o mundo
- O único lugar em que as ações acontecem

- Oportunidade de explorar as possibilidades reais
- Espaço em branco

Ao entrar no círculo futuro/presente, você entrará no vácuo, e os pontos de referência do círculo passado/presente não serão mais válidos. Na verdade, como eu já falei, eles irão invalidar o que você estiver tentando fazer.

Você precisará de novos pontos de referência aos quais se apegar para conseguir atravessar a tempestade. Esses pontos são: sua visão esplêndida, seus valores e seu plano de ação.

A primeira parte deste livro mostrou como determinar sua visão e seus valores. Logo falaremos sobre como lidar com as ações. Antes, voltemos e analisemos melhor essa visão do mundo: sozinhos, o passado e o futuro são apenas palavras, nada acontece neles. O único lugar em que as coisas acontecem é o presente. No entanto, o passado pode nos impedir de avançar por meio do poder da crença, e o futuro pode nos impulsionar para a frente por meio da clareza de intenção.

Precisamos primeiramente descobrir: o que prende você ao passado?

## Liberando espaço na desordem da mente

O mundo funciona assim: se você tem pensamentos preocupantes sobre o que poderia lhe acontecer, aumenta as chances de essas coisas acontecerem. Basicamente, nós manifestamos o que quer que falemos. Então, é melhor colocar muita coisa certa na mente e, depois, decidir qual parte é útil. Jogue fora as partes inúteis e abra espaço para novas coisas. Se você só pensar bobagem, não haverá espaço para coisas novas por mais que você tente.

Imagine que sua mente funciona como memória de um computador. Quando essa memória fica cheia, todo o sistema pára, pois tudo está tão cheio que nada pode ser movido. Se a confusão dominar sua mente, ela também irá dominar o mundo. Está na hora de acabar com isso!

A primeira dica é escrever tudo o que você considera verdadeiro sobre você mesmo. Como saber o que é verdadeiro? Com base em tudo o que já disseram a você. Tente fazer a lista assim: minha mãe diz: "Você é igualzinho a seu pai, muito impaciente, não aceita brincadeiras." Minha namorada diz: "É muito bom falar com você, você é uma pessoa muito divertida." Talvez essa lista demore um pouco para ser concluída, pois é bom que você recorra a todas as pessoas importantes em sua vida.

Ao concluir a lista, veja o que é útil e o que não é. Entenda por "útil" tudo o que o ajudar a chegar à visão esplêndida. Qual comportamento ou personalidade melhor se adapta a isso?

No caso das opiniões não consideradas úteis, decida o que precisa fazer para mudá-las: transformar um determinado comportamento, conversar com a pessoa sempre que ela emitir essa opinião sobre você, etc.

Lembre-se de uma coisa: você é aquilo em que acredita. Se alguém querido sempre diz algo que não é útil, a conseqüência será um reflexo negativo em você. Se essas pessoas gostam de você e se preocupam com aquilo que quer alcançar, a questão é simplesmente dizer a essas pessoas o efeito que essas palavras exercem em você.

Por exemplo, imagine que, sempre que você ficar nervoso com sua mãe, ela fale sem pensar: "Você é igualzinho a seu pai." Imagine também que seu pai tenha um temperamento péssimo, algo que ele não consegue controlar. Isso já lhe custou vários empregos e várias oportunidades de carreira, limitando-o a um emprego ruim, sendo que ele tem potencial para muito mais. Você não irá apenas interpretar esse comentário como algo negativo, como também verá que seu temperamento é algo que está além de seu controle.

Não entre nessa!

*O verdadeiro poder está na capacidade de determinar rapidamente sua resposta a qualquer situação.*

Você pode ser quem quiser ser. O único limite é a sua crença. Em vez de apenas reagir ao que sua mãe diz, calmamente (talvez seja bom afastar-se e voltar quando estiver mais tranqüilo), diga que esses comentários são muito negativos e que o julgamento que ela faz deixa você sem saber para onde ir, não dá oportunidade de mudança; diga também que você gostaria da ajuda dela para ser uma pessoa melhor.

Isso pode parecer um pouco banal, mas realmente funciona. No mínimo, falar para as pessoas o efeito que as palavras delas exercem em você fará com que pensem nesse comportamento.

## Anotações

O que as pessoas falam sobre mim. Essa opinião é útil?

O que farei a respeito disso.

Em seguida, sente-se e descreva o modo como você se vê. Seja honesto! Quais são seus pontos negativos e suas fraquezas? Quais são seus pontos fortes?

Faça igual ao exercício anterior. Identifique o que é útil e o que não é e determine o que fazer em relação aos pontos negativos.

**Anotações**
Como eu me vejo. Essa opinião é útil?

..........................................................................................................
..........................................................................................................
..........................................................................................................
..........................................................................................................
..........................................................................................................
..........................................................................................................
..........................................................................................................
..........................................................................................................

O que farei a respeito disso.

．．．．．．．．．．．．．．．．．．．．．．．．．．．．．．．．．．．．．．．．．．．．．．．．．．．．．．．．．．．．．．．．．．．．．．．．．．．．．．．．．．．．．．．．．．．．．．．．．．．．．．．．．．．．．．．．．．．．．．．．．．．．．．．．．．．．．．．．．．．．．．．．．．．．．．．．．．．．．．．．．．．．．．．．．．．．．．

．．．．．．．．．．．．．．．．．．．．．．．．．．．．．．．．．．．．．．．．．．．．．．．．．．．．．．．．．．．．．．．．．．．．．．．．．．．．．．．．．．．．．．．．．．．．．．．．．．．．．．．．．．．．．．．．．．．．．．．．．．．．．．．．．．．．．．．．．．．．．．．．．．．．．．．．．．．．．．．．．．．．．．．．．．．．．．

．．．．．．．．．．．．．．．．．．．．．．．．．．．．．．．．．．．．．．．．．．．．．．．．．．．．．．．．．．．．．．．．．．．．．．．．．．．．．．．．．．．．．．．．．．．．．．．．．．．．．．．．．．．．．．．．．．．．．．．．．．．．．．．．．．．．．．．．．．．．．．．．．．．．．．．．．．．．．．．．．．．．．．．．．．．．．．

．．．．．．．．．．．．．．．．．．．．．．．．．．．．．．．．．．．．．．．．．．．．．．．．．．．．．．．．．．．．．．．．．．．．．．．．．．．．．．．．．．．．．．．．．．．．．．．．．．．．．．．．．．．．．．．．．．．．．．．．．．．．．．．．．．．．．．．．．．．．．．．．．．．．．．．．．．．．．．．．．．．．．．．．．．．．．．

．．．．．．．．．．．．．．．．．．．．．．．．．．．．．．．．．．．．．．．．．．．．．．．．．．．．．．．．．．．．．．．．．．．．．．．．．．．．．．．．．．．．．．．．．．．．．．．．．．．．．．．．．．．．．．．．．．．．．．．．．．．．．．．．．．．．．．．．．．．．．．．．．．．．．．．．．．．．．．．．．．．．．．．．．．．．．．

．．．．．．．．．．．．．．．．．．．．．．．．．．．．．．．．．．．．．．．．．．．．．．．．．．．．．．．．．．．．．．．．．．．．．．．．．．．．．．．．．．．．．．．．．．．．．．．．．．．．．．．．．．．．．．．．．．．．．．．．．．．．．．．．．．．．．．．．．．．．．．．．．．．．．．．．．．．．．．．．．．．．．．．．．．．．．．

．．．．．．．．．．．．．．．．．．．．．．．．．．．．．．．．．．．．．．．．．．．．．．．．．．．．．．．．．．．．．．．．．．．．．．．．．．．．．．．．．．．．．．．．．．．．．．．．．．．．．．．．．．．．．．．．．．．．．．．．．．．．．．．．．．．．．．．．．．．．．．．．．．．．．．．．．．．．．．．．．．．．．．．．．．．．．．

．．．．．．．．．．．．．．．．．．．．．．．．．．．．．．．．．．．．．．．．．．．．．．．．．．．．．．．．．．．．．．．．．．．．．．．．．．．．．．．．．．．．．．．．．．．．．．．．．．．．．．．．．．．．．．．．．．．．．．．．．．．．．．．．．．．．．．．．．．．．．．．．．．．．．．．．．．．．．．．．．．．．．．．．．．．．．．

Ao terminar o exercício, você terá uma enorme lista das coisas que devem ser feitas ou mudadas. Você também terá uma imagem cada vez mais clara daquilo que está tentando ser.

Durante suas reflexões, dê ouvidos aos murmúrios da sua mente e decida se traduzem quem você deseja ser ou não.

## As ações têm poder

Acredito que você já tenha uma boa idéia de como esse modo de observar o mundo funciona. Falar é fácil, mas as ações é que têm o poder. O poder concentra-se no presente, único momento em que o espírito e a razão se encontram, único momento em que você tem a oportunidade de interagir com o mundo material.

Ao mudar suas crenças, você muda a vibração que transmite ao mundo; ao mudar sua visão, você muda o que pretende criar. Porém nada acontece sem que haja uma AÇÃO.

> *Ninguém ficará sábio às custas dos outros.*
> *Cada um deve viver a própria vida, cometer os próprios erros, sentir o próprio prazer da existência, pois isso é diferente para cada pessoa.*
> *Caia, levante-se, faça tudo de novo de outro jeito.*
> *Tente. E aprenda. Essa é a única forma.*
> — **The Ninja**, Eric Van Lustbader

Se você estiver no círculo passado/presente, estará simplesmente reagindo a tudo o que acontece ao seu redor e suas ações perpetuarão o modo com as coisas sempre foram. Se você estiver no círculo futuro/presente, seja rápido, não espere as coisas acontecerem; ao esperar, você perde o controle da situação e permanece no estado de reação.

O círculo futuro/presente está relacionado à manifestação criadora. Você deve saber o que quer criar, correr atrás disso e agir, mesmo que o mundo diga que você não irá conseguir.

Nos EUA, no final dos anos 60, quando decidiram mandar o homem à Lua, muitos cientistas disseram que não seria possível. Em vez de discutir, Kennedy os chamou e perguntou o porquê da impossibilidade; então, ele passou essas respostas a outro grupo de cientistas, que encontrou as soluções para os problemas. A princípio, eles conseguiriam somente fazer com que um homem chegasse à metade do caminho, mas no final... bem, você já sabe o final.

O modo antigo de se observar o mundo era muito "quadrado"; Sócrates, Platão e Aristóteles eram todos a favor de dividir as coisas em categorias, de decidir o que é certo e errado. O novo modo de observar o mundo está relacionado ao movimento. A Criação diz que o mundo é um mistério, que não há uma resposta correta, e também que o universo é infinitamente abundante, enquanto o modo antigo diz que este é caracterizado pela escassez. Em vez de decidirmos como dividir o bolo, precisamos descobrir como fazer um bolo maior.

Tenha uma visão clara, acredite, defina sua intenção e CRIE! AJA!

> *Considerando todos os atos de iniciativa (e de criação), há uma verdade elementar, cuja ignorância mata várias idéias e planos esplêndidos: quando alguém se compromete com algo, então Deus também se move. Tudo o que em outra situação não aconteceria acaba acontecendo. Várias situações resultam da decisão, surgindo, em benefício de alguém, encontros, acontecimentos não previstos e ajuda material, como nenhum ser humano imaginaria que pudesse acontecer.*
> — Goethe

Não é possível criar movimento apenas pensando nas coisas (a menos que você entorte colheres com o poder da mente). Você precisa agir. Primeiro, acredite naquilo que você está tentando criar; depois, analise quais atos estariam de acordo com essa realidade. Em outras palavras, enxergue sua visão em algum lugar no futuro.

Tudo o que você precisa fazer é imaginá-la: se você conseguir enxergar o caminho que leva àquela visão, que ações estão nesse caminho? Quais são os pontos importantes? O que é necessário acertar agora? O que precisa ser feito em seis meses? E em um ano?

## Anotações
Ações para conseguir chegar à minha visão.

.............................................................................................................................

.............................................................................................................................

.............................................................................................................................

.............................................................................................................................

.............................................................................................................................

.............................................................................................................................

.............................................................................................................................

Pontos importantes.

.............................................................................................................................

.............................................................................................................................

.............................................................................................................................

.............................................................................................................................

.............................................................................................................................

.............................................................................................................................

**SEJA** FELIZ

O que preciso fazer nos próximos seis meses.

........................................................................................................
........................................................................................................
........................................................................................................
........................................................................................................
........................................................................................................
........................................................................................................

O que preciso fazer AGORA.

........................................................................................................
........................................................................................................
........................................................................................................
........................................................................................................
........................................................................................................
........................................................................................................

## A ESTRATÉGIA DOS *INVASORES DO ESPAÇO*

Você já jogou o *game Invasores do espaço*? Quando eu era adolescente, ficava horas e horas em frente ao *videogame*... É claro que também tentava impressionar as meninas!

*Invasores do espaço* era um jogo muito popular, porque era preciso talento, sorte e estratégia. Para jogar, era necessário não apenas entender a estratégia, mas também ter coragem e autocontrole – e foi por isso que usei esse exemplo. No jogo, pouco a pouco, os pequenos invasores avançavam; a tentação era sair atirando, mas, se você adotasse essa estratégia, precisaria fugir. Para obter uma pontuação alta, era preciso atirar em duas colunas e, calma e metodicamente, atirar em uma fileira por vez; se você se controlasse e se concentrasse, mesmo quando estivesse quase sendo derrotado, a estratégia funcionaria. No entanto, se entrasse em desespero, seria derrotado.

> *Você precisa de uma estratégia para tornar-se o que deseja ser; no entanto, a verdadeira habilidade é manter a calma.*

A vida é assim. Você precisa de uma estratégia para tornar-se o que deseja ser; no entanto, a verdadeira habilidade é manter a calma. Esteja presente de corpo e alma, concentre-se no tiro contra os invasores ou em executar as próximas ações necessárias. Não entre em pânico quando as pessoas disserem que você está prestes a ser derrotado; mantenha o controle durante cada ataque e você vencerá.

## Não fique parado

À beira do precipício do futuro, tendemos a parar de agir e começar a analisar os fatos. No entanto, volte ao seu conselheiro confiável: a morte. Se não for agora, quando será então? Lembre-se de que nada é mais poderoso do que uma pessoa que age como se este fosse seu último dia na Terra.

Assim que tiver um plano de ação, execute-o. Você não conhecerá o futuro e não entenderá o verdadeiro significado do que está acontecendo agora até que seja tarde demais. Seja qual for a decisão tomada, tome-a 100%. Não viva pela metade.

O medo nunca ataca tão forte quanto o arrependimento.

A preocupação é uma emoção sem sentido, pois somos levados por algo que ainda não aconteceu. Isso faz com que nos seguremos desesperadamente ao presente, prejudicando-o também. O que for ocorrer no futuro, irá ocorrer no futuro apenas. A única oportunidade que você tem está no agora, bem na sua frente.

Sei que é fácil falar "não se preocupe", mas geralmente é muito mais difícil realizar isso. Se você está sempre preocupado com algo e gostaria de ser diferente, precisa fazer algumas mudanças na sua mente. O que criou essa preocupação constante?

Se você descobrir a resposta, suas chances de fazer algo a respeito são grandes. Talvez seja apenas uma questão de aprender a não se preocupar e decidir ser diferente; talvez você precise agir de alguma forma específica para acabar com esse comportamento. De qualquer modo, você precisa determinar como quer ser e começar a agir de acordo com essa visão.

## Quando as coisas não dão certo

*O verdadeiro desafio na vida é sempre olhar para a frente.*
— John Travolta

Preciso confessar uma coisa: nem sempre tudo acontece como queremos. Sei que é difícil acreditar nisso, mas é verdade. Em qualquer situação, você precisa ter um plano para lidar com as coisas quando elas não acontecerem do modo como você queria.

Se você fizer algo diferente do que fazia e isso não der certo, a primeira coisa que vai acontecer será o retorno ao passado. Imediatamente, você vai pensar que não deveria ter feito aquilo, nem mesmo tentado; vai achar que foi tolo em acreditar que poderia fazer aquilo logo de cara e que deveria ter ouvido as pessoas que disseram que você não conseguiria...

PARE!

Você precisa analisar qual parte disso tudo é história e qual parte é fato. Embora a tendência seja misturar tudo, há uma diferença. Os fatos não podem ser discutidos, ou eles são ou não são. Simples, sem debate. A história é todo o restante, todas as opiniões sobre quem estava certo ou errado, quem sabia que você não deveria ter feito aquilo, quem avisou... Tenha isso em mente, escreva e coloque em prática. Quais são os fatos? O que realmente aconteceu? O que você quer?

Veja este exemplo: Matt, um jovem americano amigo meu, é ceramista. Ele estava trabalhando nos EUA quando ouviu falar sobre uma nova cerâmica nas montanhas da África do Sul. Entrou em contato com a dona do lugar e, depois de um tempo, conseguiu convencê-la a deixar que ele ficasse lá por seis meses. Ele fez as malas e foi, esperando encontrar uma grande e moderna construção, bem como um apartamento só para ele.

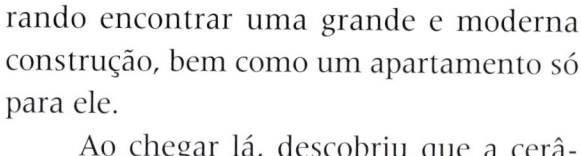

Ao chegar lá, descobriu que a cerâmica era um velho haras com equipamento antigo. O apartamento era o último estábulo do local, com uma parede separando o quarto da cozinha e um pequeno banheiro do lado de fora.

A roda que ele recebeu para fazer a cerâmica não estava bem balanceada; sempre que ele tentava fazer um pote, ficava torto. O apartamento tinha alguns "buracos" para ventilação, o que era ótimo para manter o ar fresco, mas os insetos sempre entravam; além disso, água quente era algo inexistente. Após alguns dias, ele estava num estado deplorável, dizendo a todos que se interessavam em ouvir como era horrível a situação em que se encontrava.

Por fim, analisamos juntos a forma como ele vinha observando o passado/presente/futuro e imediatamente ele percebeu o que estava acontecendo. Ele tinha uma longa história para contar, mas os fatos eram simples: a cerâmica não era boa, não havia água quente e o apartamento ficava cheio de insetos.

Aos poucos, Matt foi adquirindo objetividade. Em vez de ser guiado somente pelas emoções e simplesmente reagir à situação em que se encontrava, ele se perguntou: "O que eu quero?" Ele sabia que queria passar algum tempo vivendo e trabalhando em outro lugar para que pudesse crescer como pessoa e desenvolver suas habilidades. Sua visão era bem clara. A próxima pergunta que fiz foi:

– Você ainda está comprometido com sua visão?

– Sim!

Ele se reergueu e mandou embora a preocupação. Estava pronto para agir.

*Os segredos são o desejo de realizar algo e o processo que nos leva a consegui-lo.*

– E agora? – perguntei.

Ele se levantou e, caminhando em direção à cerâmica, falou:

– Vou consertar a roda, arrumar alguém para ver a questão da água quente, fechar os buracos no apartamento e ir em frente.

Todos nós desmoronamos de vez em quando e, como já falei antes, se houver uma habilidade na vida que todos nós precisamos desenvolver é levantar a cabeça, sacudir a poeira e dar a volta por cima. Os segredos são o desejo de realizar algo e o processo que nos leva a consegui-lo.

*A maior glória de nossas vidas não é nunca cair, mas levantar sempre que caímos.*
— Nelson Mandela

## NÃO VIVA PELA METADE

Se tentarmos realizar grandes coisas, ir atrás de nossos sonhos por mais loucos que possam parecer aos outros, precisaremos aceitar o fato de que iremos cair com maior freqüência do que se simplesmente sentarmos no trem e seguirmos viagem.

Lembre-se de que o verdadeiro poder é a capacidade de determinar rapidamente sua resposta a qualquer situação, e a criação surge por meio do movimento. Portanto, precisamos ter em mente o que estamos tentando alcançar, ser objetivos o suficiente para estabelecermos nosso alvo e querer continuar em movimento.

Na próxima vez em que você cair, pare e pergunte a você mesmo o seguinte:

- O que realmente aconteceu? Não a história, apenas os fatos!
- O que eu quero?
- Eu ainda quero isso?
- O que devo fazer em seguida?

Lembre-se também de que ainda há um uso para o círculo passado/presente. Não jogue o bebê fora junto com a água do banho. Não apresse as coisas; enquanto o círculo futuro/presente nos permite manifestar ou criar coisas, o círculo passado/presente é de aperfeiçoamento contínuo.

Com base nos fatos, podemos perguntar: "Há algo que eu possa aprender dessa experiência que vá me ajudar na próxima vez?" Matt aprendeu que, ao tentar fazer algo um pouco mais difícil, é muito bom ter alguém para ajudar quando as coisas não acontecem do modo como se espera. Quando algo dá errado, minha tendência é reclamar e sentir pena de mim mesmo. Fico falando para as pessoas como as coisas estão ruins e como o mundo é injusto. No entanto, tenho uma pessoa a quem recorro, que me ajuda e me dá um empurrão para que eu volte à ação.

Veja a seguir mais algumas idéias:

- Peça a alguém de confiança para ajudá-lo no que você quer. Essa pessoa será seu "técnico" e deve estar ciente disso. Certifique-se de que ela esteja tão comprometida a atingir esse objetivo quanto você.
- Aprenda a reconhecer os momentos em que você está apenas reagindo e precisa de ajuda. Às vezes, parece bom sofrer sozinho, mas você não chegará a lugar nenhum assim. Fique atento a isso e peça ajuda.

## Não se esforce inutilmente

*Se você estiver vendendo água no deserto e começar a chover, pare de vender água e passe a vender guarda-chuva.*
— Anônimo

Por melhor que seja seu plano, ele pode estar errado. Que droga! Como isso pode acontecer?

Essa é a beleza da vida, não é? Nunca sabemos o que irá acontecer. Algo pode estar certo em um momento, mas, depois de alguns meses, torna-se errado. Você precisa reconhecer as diferenças entre se deparar com obstáculos e desafios e realmente estar no caminho errado.

Ao falar do futuro, a primeira regra é: "Esteja preparado para lidar com as perdas." No entanto, não importa quantas vezes as pessoas já tenham ouvido isso, muitas ainda ficam presas às decisões tomadas e se recusam a mudar de opinião.

## NÃO VIVA PELA METADE

Ao correr atrás de grandes objetivos na vida, você deve abordá-los de leve. Talvez haja um caminho melhor, mas, se você se prender muito a um objetivo, nunca verá as alternativas. E como saber? Acho que recebemos dicas no caminho, o desafio é reconhecê-las.

Veja este exemplo: eu era diretor de uma pequena empresa que estava prestes a mudar sua estratégia de *marketing*. Para fazer isso, decidi que precisávamos de novo material impresso e contratei um artista gráfico. No primeiro dia, nada deu certo. Os arquivos foram perdidos, a comunicação não fluiu, muito dinheiro foi desperdiçado e por aí vai. No entanto, teimoso como eu sou, persisti e, finalmente, a nova criação foi aprovada e impressa.

Na semana entre a aprovação das criações e o recebimento dos cartões, duas coisas aconteceram. Um grande cliente solicitou um serviço que estava levemente fora do que nós fazíamos, e diversas pessoas nos aconselharam a mudar o nome da empresa.

Resultado disso tudo? O nome foi mudado imediatamente, inutilizando os cartões logo que chegaram da impressão. Havia várias dicas de que eu estava no caminho errado, mas minha teimosia não me permitia dar atenção a isso. Portanto, seja firme e determinado, mas não fique tão preso emocionalmente às suas crenças, pois assim você vai ignorar os sinais de aviso.

## Como lidar com pessoas difíceis

*Trate um homem como ele é, e ele continuará sendo o que é.*
*Trate um homem como ele pode e deve ser tratado,*
*e ele será o que pode e deve ser.*
— Goethe

Talvez você já tenha se deparado com algumas pessoas difíceis na vida. Essas pessoas parecem sempre se empenhar para nos derrubar. Entendeu de que tipo de pessoa eu estou falando? São aquelas que perturbam seu equilíbrio e talvez façam com que você beire a insanidade. Deixe-me explicar melhor...

Eu dividia a casa com uma moça chamada Kathy. Eu era responsável pelo pagamento do aluguel. Ela deveria depositar sua parte na minha conta, algo que nunca, em seis meses morando comigo, fez em dia. Nós dois comprávamos comida, mas ela sempre bebia todas as cervejas e não as repunhas. Às vezes, eu viajava a trabalho e ficava fora durante uma semana; na volta, nunca encontrava nenhuma comida ou bebida.

Quando falei sobre esses problemas, ela imediatamente começou a reagir, dizendo que eu a estava controlando e que não permitia que ela se sentisse à vontade em casa. Espertinha, não é? Se eu agisse com agressividade, faria exatamente o que ela estava falando e imediatamente ela seria a vítima; se eu ignorasse tudo o que ela fazia, iria me sentir usado e ficaria cada vez mais frustrado com aquela situação.

Há muitas pessoas assim no mundo, que sabem muito bem como fazê-lo enxergar sob o ponto de vista delas e, se conseguirem isso, será muito difícil fugir. O importante é reconhecer que você está sendo usado para poder reagir. Lembre-se de que ter poder é conseguir determinar sua resposta em qualquer situação; se você começar a se entregar, perderá o controle.

## NÃO VIVA PELA METADE

Kathy tinha um namorado, Gareth. Uma vez, passei uma semana fora e, quando voltei, encontrei um bilhete dizendo: "Não fique bravo. O Gareth ficará aqui conosco por alguns dias." Não ficar bravo? Por que eu não ficaria? Saio por alguns dias e você coloca alguém dentro de casa? Já ouviu falar de celular? Você sequer pensou em ligar para mim? Na verdade, o bilhete deveria ser assim: "Duvido que você fique bravo, pois assim você será o babaca, e o Gareth será a vítima."

As pessoas difíceis têm uma visão do mundo muito particular e armam ciladas para que você caia na conversa delas. Assim, estarão no controle, e o comportamento delas será desculpado. Por favor, não me leve a mal: geralmente, as pessoas difíceis não são malvadas. Elas simplesmente definiram suas vidas de forma a serem desculpadas por viverem desse modo, pois o mundo é injusto, e elas são as vítimas. A mente dessas pessoas é confusa, fazendo com que não façam o que realmente querem na vida; o problema é que precisam de um fluxo contínuo de evidências para apoiar essa visão de mundo e, sendo assim, elas "montam" situações.

> *As pessoas difíceis têm uma visão do mundo muito particular e armam ciladas para que você caia na conversa delas*

Voltando ao Gareth. Logo ele ficou à vontade, parecia que estava em um hotel. Entrava e saía quando queria, normalmente parando apenas para comer qualquer coisa que houvesse na geladeira. Após algumas semanas, decidi dar um basta naquela situação e disse a ele que procurasse outro lugar para morar. Sabe qual foi a reação dele? Começou a gritar, dizendo que eu era um idiota, que estava sendo injusto e que nem levei em consideração, em momento algum, como ele estava feliz por morar ali.

De acordo com a visão de mundo dele, ele era uma vítima, e o mundo, injusto. Contou aos amigos o quanto ele foi maltratado e acabou recebendo a atenção deles: "Ai, coitadinho. Como alguém pôde ser tão cruel com você..."

Essa visão de mundo permite que Gareth diga coisas do tipo: "Se a vida não fosse tão injusta, eu poderia fazer tudo o que quero." Viver sempre às custas dos outros o impossibilita de tentar fazer as coisas por conta própria.

### ■ Como lidar com pessoas assim?

Enfrente pessoas difíceis com carinho e honestidade, reconheça que, na vida, nem sempre você será visto como o bom menino (ou a boa moça). Você precisará tomar decisões difíceis, e a única maneira de fazer isso é saber em que acredita e confiar em você mesmo. Assim, conseguirá o que quer, não de forma desleal, mas, sim, de maneira firme, gentil e honesta.

Não se deixe manipular, não abra mão do controle. Acredite em suas convicções e siga em frente. Se você se recusar a entrar no jogo e a ser um idiota, a atenção dessas pessoas terá de voltar-se para elas mesmas, e essa é a última coisa que elas querem. Se você tiver força de vontade para não reagir, rapidamente essas pessoas se afastarão de você e encontrarão alguém que participe desse jogo.

## Pagar o preço?

Para algumas pessoas, a vida parece ser muito fácil. Elimine o carma da vida passada e supere-se. Para nós, sair em busca dos sonhos pode ser uma luta e, geralmente, há um preço a pagar por isso. Às vezes, o preço é alto demais e, outras vezes, damos desculpas para que não precisemos pagá-lo. Nossa mente nos engana, o macaco quer nos controlar, e muitas pessoas acreditam nisso mais do que imaginam.

Há alguns anos, eu queria escrever um roteiro de cinema, mas tinha medo de ser um fracasso, embora não admitisse isso. Desse modo, eu dizia a mim mesmo que começaria a escrever assim que tivesse dinheiro suficiente para que pudesse parar de trabalhar um pouco. É evidente que isso nunca aconteceu, pois uma parte de mim queria começar a escrever, mas a outra parte – o macaco que estava se divertindo pulando na selva – não permitia. Faz parte do processo de criação de algo conseguir descobrir as desculpas que criamos.

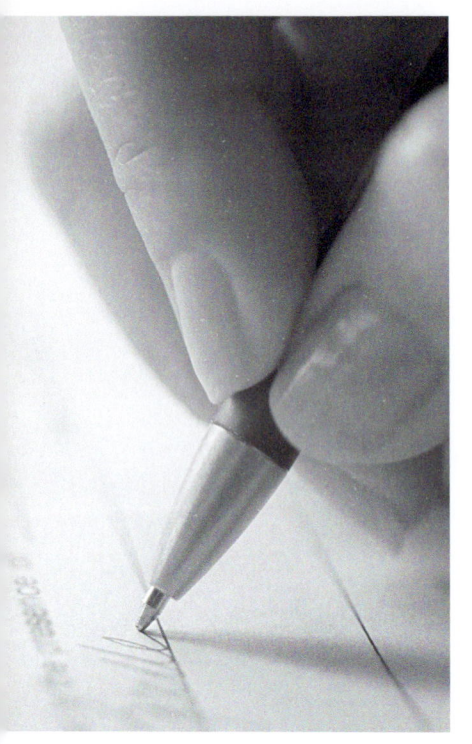

Gosto de perguntar a executivos quantas horas por semana eles trabalham; geralmente, eles respondem cinqüenta ou sessenta. Depois, pergunto quantas horas eles gostariam de trabalhar, e eles dizem trinta ou quarenta. E por que não fazem isso? O motivo mais comum é o fato de o mundo dos negócios ser como é.

Então, eles acreditam que seja necessário trabalhar tanto assim. Quem decide isso? É simplesmente o consenso geral dos executivos, e tudo é conduzido pelo medo: medo de não se adequarem ao sistema, de serem deixados para trás ou de alguém ocupar seu cargo. É claro que, se você quiser trabalhar muito, tudo bem, porém, se você não quiser, não trabalhe tanto.

Não se deixe conduzir pelo medo, mas pelo desejo. No entanto, esteja ciente de que haverá um preço a pagar por isso, e você precisa estar disposto a pagar. Não espere que outras pessoas paguem por você, assuma a responsabilidade total.

Saiba também que, quanto mais você executar uma mesma tarefa, maior será a rotina e mais difícil será o rompimento do padrão. Seja qual for o comportamento, haverá lucros e prejuízos; esteja ciente de quais são eles, saiba o que quer e prepare-se para escolher alguém que o ajude a criar um novo caminho.

## Aproveite o presente

*Doce é a adversidade que, como um sapo feio e venenoso, usa uma jóia preciosa na cabeça.*
— **As You Like It**, Shakespeare

Todos os desafios que enfrentamos nos oferecem uma oportunidade de obter um pouco de poder. Parece um pouco misterioso, não é? Sempre que você enfrenta um desafio na vida, está sendo testado quanto à força de suas crenças e de suas intenções – estão perguntando se você tem coragem de defender essas crenças. Se você defender aquilo em que acredita e encarar o desafio de frente, renovará a crença em suas intenções.

Admiramos pessoas que passam por uma grande dificuldade para alcançar a magnitude. Elas têm um tipo de aura que diz: "Não mexa comigo. Eu sei o que sou. Já fui testado." Os desafios que você enfrenta na vida são os mesmos dessas pessoas e devem ser encarados com coragem; quanto maior o desafio, maior será o poder.

> *Sempre que você enfrenta um desafio na vida, está sendo testado quanto à força de suas crenças e de suas intenções.*

Eu tinha um grande trauma de mulheres muito sensíveis, não sabia como lidar com elas, por isso evitava o confronto com aquelas que, eu já sabia, iriam perder as estribeiras facilmente. Mas o universo decidiu que estava na hora de eu encarar isso, e assim passei por várias situações com mulheres sensíveis: minha mãe ficou triste com alguma coisa que aconteceu e chorou; minha namorada ficou brava comigo, gritou e chorou; uma mulher com quem eu trabalhava ficou furiosa comigo; e uma amiga minha entrou em depressão profunda.

No começo, eu não sabia como agir e não conseguia dizer o que pretendia dizer, queria apenas me livrar daquilo o mais rápido possível.

Aos poucos, conforme enfrentei cada situação, parei de simplesmente reagir e consegui aproveitar a oportunidade para adquirir algum poder de controle.

Percebi, uma vez, que estava no controle quando, na piscina da casa da minha amiga mais sensível, o filtro apresentou problemas. Como eu era o faz-tudo, decidi tentar arrumá-lo e comecei a girar torneiras e mexer nas coisas. De repente, com minha amiga me observando, a bomba de água fez um som de rangido e, após uma pancada, um dos canos explodiu, e um belo chafariz se formou na nossa frente. Olhei para a minha amiga, a princípio com medo da reação dela, e comecei a rir. Ela logo começou a rir também e, desde então, aprendi. Várias situações nos oferecem oportunidades de adquirir controle e poder, mas todas têm algo em comum: é preciso coragem.

## Leve as coisas a sério

*Não é a crítica que conta, não é aquele que aponta como o homem forte fracassou ou como outra pessoa poderia ter feito melhor. O crédito pertence ao homem que está realmente na arena, cujo rosto está marcado por suor, sujeira e sangue; homem que se esforça bravamente, que erra e se corrige várias vezes, que conhece os maiores entusiasmos, as maiores devoções e se esforça em uma causa nobre e que, se falhar, pelo menos o fez agindo para que o mundo dele nunca fosse daquelas pessoas frias e tímidas que não sabem o que é vitória nem derrota.*
— Theodore Roosevelt

Ser feliz e lutar por seus sonhos não é uma coisa simples de se fazer. As pessoas têm vários sonhos, mas acabam fazendo concessões e enfrentando situações que não pretendiam enfrentar. Continuam seu caminho, dando o máximo de si. É por isso que a indústria de drogas ilegais é tão forte: a fuga, de vez em quando, é algo necessário nas vidas incompletas.

Não pense que a luta por seus sonhos será um mar de rosas: encare as coisas com seriedade e aceite que, no desafio da busca pela liberdade, irá despertar a antipatia de muitas pessoas. A inveja dos outros pode levá-los a fazer e dizer coisas negativas; a raiva interior por ter fracassado ao buscar as verdadeiras paixões pode ser algo muito destrutivo.

Lutar pelas coisas mais importantes na vida e não se isolar dos outros no caminho requer compaixão e capacidade de crescimento. A busca egoísta pelos objetivos irá apenas nos limitar a uma visão egocêntrica do mundo. É aí que entra o equilíbrio: equilíbrio para que você determine quem "é" enquanto "faz" algo.

Não vale a pena ter sucesso e ser famoso mundialmente se você for um babaca, pois isso é quase uma garantia de infelicidade, e ser infeliz não é o seu objetivo. Leve as coisas a sério, mas seja gentil; busque seus objetivos com união e singularidade.

# SEJA ÚNICO

## Estamos todos juntos

*Um ser humano faz parte de um conjunto chamado "universo", uma parte limitada em tempo e espaço. Ele vivencia seus pensamentos e sentimentos como algo separado do resto, um tipo de ilusão de ótica de sua consciência. A ilusão é um tipo de prisão para nós, fazendo com que fiquemos restringidos a nossos desejos pessoais e nosso amor por algumas pessoas próximas a nós. Nossa tarefa deve ser a libertação desse aprisionamento, para que nossa compaixão abranja todas as criaturas e toda a natureza.*
— Albert Einstein

## SEJA ÚNICO

Uma vida limitada ao "eu" é realmente limitada. Mas os budistas ensinam que devemos nos ajudar antes de ajudar os outros. Por quê? Porque não conseguimos ajudar ninguém se não estamos bem. Até as companhias de aviação falam isso antes da decolagem, durante as instruções de segurança (aquelas que ninguém ouve). Os comissários de bordo dizem: "Em caso de queda de pressão da cabine, máscaras de oxigênio irão cair do compartimento acima. Certifique-se de colocá-las antes de ajudar os demais."

Aceite que você irá morrer tão rápido quanto qualquer um, não seja inocente em acreditar que você é melhor do que os outros. Na vida, o aviso seria: "No caso de perda total de rumo na vida, certifique-se de colocar em ordem suas coisas antes de começar a dizer aos outros o que eles devem fazer."

Essa é uma ilusão comum. Inclusive, tenho um exemplo em mente: Margaret trabalhava com desabrigados e passava muitas horas no abrigo colocando em ordem a vida das pessoas e dizendo o que elas deveriam fazer. Ela sabia onde encontrar comida e quem escolher para organizar as tarefas. No fim do dia, ia para casa, jogava-se em uma cadeira e bebia um uísque bem forte.

> *Aceite que você irá morrer tão rápido quanto qualquer um, não seja inocente em acreditar que você é melhor do que os outros.*

Fora do abrigo, a vida dela era um vazio. Ela conseguia ajudar as pessoas de modo prático, mas não conseguia ajudá-las (nem a si mesma) espiritual ou emocionalmente. Margaret estava tão perdida e infeliz quanto aquelas pessoas; sua auto-estima estava ligada às coisas que "fazia", não ao que "era". Portanto, quando parava o que estava "fazendo", restava apenas o sentimento vazio, e ela ficava mal rapidamente; para lidar com isso, bebia. O problema estava no fato de ela se enxergar como sendo melhor do que aquelas pessoas em algum sentido; assim, se mantinha distante. No entanto, bem na frente dela, estava a salvação: se tivesse olhado ao redor e aberto a mente, perceberia que muitas pessoas no abrigo faziam de tudo para ajudá-la. Ela estava morrendo sufocada, pedindo para as pessoas colocarem as máscaras, sendo que não colocava a dela antes. Longe de mim falar que Margaret deveria parar de trabalhar com desabrigados; o que estou dizendo é que estamos todos juntos. No fim do dia, ninguém é melhor ou pior do que ninguém, somos todos iguais.

Na África, os zulus acreditam que "eu sou porque nós somos". Quando eles dizem "olá", falam "sawubona", que significa "eu vejo você". Em outras palavras: "Eu vejo você e reconheço sua existência única." A pior ofensa que se pode fazer a um zulu é não reconhecer a presença dele. Seria como se você falasse para ele: "Para mim, você não existe". Morei durante um tempo na África do Sul e tive uma ótima oportunidade de testar isso. Tive a sorte de ficar em uma linda fazenda no sopé das montanhas Drakensberg, um local em que grande parte das pessoas era zulu.

Uma vez por semana ou mais, eu dirigia 30 km até a cidade; conforme eu passava pelas pessoas que caminhavam pela estrada – na África, o número de pessoas que andam a pé é grande –, acenava para elas. Se você fizer isso em países ocidentais, talvez 10% das pessoas acenem de volta; no entanto, na África, mais de 90% das pessoas acenam de volta.

Um dia, estava viajando com um amigo, e ele me viu acenando para todas essas pessoas. "Você as conhece?" ele perguntou. Sem pensar, respondi: "Eu conheço todos de alguma forma." Não sei de onde surgiu essa idéia, mas ela me tocou: de alguma forma, conhecemos todo mundo, estamos todos interligados. Se tivermos consciência disso e ultrapassarmos a noção limitada do "eu", coisas impressionantes começarão a acontecer. Para início de conversa, qualquer possibilidade de solidão desaparece. Como é possível sentir-se solitário se você está cercado por

*De alguma forma, conhecemos todo mundo, estamos todos interligados.*

pessoas conhecidas? Se tivermos coragem para eliminar essa sensação de estarmos separados do resto, iremos nos abrir para oportunidades ainda maiores. É como se a vida aumentasse.

Qual é a nossa ligação com a idéia de "eu"? Na África, as disputas tribais sempre foram constantes; para sobreviver em meio a tribos inimigas e animais perigosos, não faz sentido ficar separado. No entanto aqui, no mundo "desenvolvido", a noção de "eu" é bastante predominante. Se voltarmos à época de Sócrates, Platão e Aristóteles, veremos que eles viviam separados; não apenas separavam as coisas em categorias e classificavam o mundo, mas também separavam e classificavam as pessoas. Se quiser um exemplo, veja a **República**, de Platão.

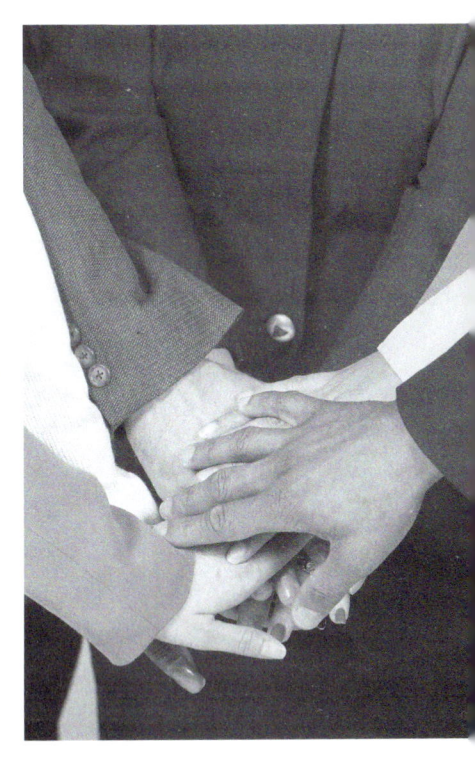

Durante anos, os filósofos também criaram uma idéia de existência partindo de uma perspectiva individual. Descartes escreveu: "Penso, logo existo." Não foi: "Pensamos, logo existimos." Estava na primeira pessoa do singular, "eu". Freud também pensou e escreveu bastante sobre a idéia de "eu", e essa é a base para muitos conhecimentos que temos sobre a mente humana. No decorrer dos anos, o ego dominou o pensamento filosófico ocidental. Tudo parte de um ponto de vista individual, e, exceto quando se considera a perspectiva cognitiva, apenas uma pequena parte desse pensamento reconhece a existência de uma ligação entre todos nós.

Considerando a perspectiva do pensamento linear e analítico, estamos em uma situação complicada. Há muita riqueza no mundo. Em grande parte da sociedade ocidental, acabamos com o perigo da fome e outros problemas de vida ou morte; tudo deveria ser alegre, mas não é.

Como já mencionei, há um aumento de casos de depressão no mundo ocidental, quase uma epidemia. A psicologia freudiana diz: "Analise e descubra o que saiu errado na criação e na educação dessa pessoa, encontre uma solução e conserte." Os cientistas olham para o cérebro e dizem: "Essa pessoa está deprimida porque não está produzindo determinada substância suficiente. Se tomar este remédio, ficará bem em mais ou menos uma hora."

Tal tipo de pensamento é como consertar uma máquina: encontre o que está errado, conserte e faça-a funcionar novamente. Se for humano, analise-o, decida o que está errado e coloque-o de volta no sistema, para que continue sempre desejando e trabalhando para satisfazer esses desejos. Essa é a receita da felicidade.

NÃO! Isso não funciona. Conheço pessoas que há anos tomam remédios antidepressivos. Não há nada de errado em tomar remédio para corrigir um desequilíbrio. O problema surge quando essa é a única coisa que a pessoa faz. Você precisa agir para que as coisas caminhem para a frente e para mudar quem você é no momento. Ao limitar sua vida à concentração no "eu", seu mundo ficará menor; se você praticar a união e a interligação, o mundo ficará repleto de possibilidades.

Que parte de nós luta contra isso? Nosso ego grita: "E eu?" Nosso ego quer ser melhor do que os outros, ser reconhecido. Ele é a origem dos nossos desejos, mas também da nossa infelicidade. Quando as outras pessoas não estão bem, no fundo, alguma parte dentro de nós gosta disso. Em um mundo competitivo, o que vale é vencer. Quando não estamos bem, alguma parte se recusa a contar aos outros, pois assim estaria admitindo a fraqueza. Esse tipo de pensamento foi observado por filósofos e psicólogos durante anos como sendo próprio da "natureza humana". Todas as atitudes altruístas são vistas como aberrações; a verdadeira natureza humana é movida pela ambição, eles dizem, e, para que haja vida em sociedade, tal natureza precisa ser controlada.

Se não podemos confiar que as pessoas irão se importar umas com as outras, então precisamos estabelecer regras para isso, para o bem de todos, para que ninguém se machuque. Em outras palavras, devemos desistir da liberdade individual em nome de uma sociedade melhor.

> *É bastante conveniente a um pequeno grupo de pessoas deixar as coisas exatamente do jeito que estão.*

O problema é o fato de termos criado um mundo em que a liberdade está fortemente relacionada à nossa capacidade de fuga do sistema econômico. Se você for muito bem-sucedido, poderá fazer quase tudo; ninguém dirá o que você deve ou não fazer. Na verdade, basta exibir algumas "notinhas" para que todos os seus desejos se realizem.

Encaremos a verdade: é bastante conveniente a um pequeno grupo de pessoas deixar as coisas exatamente do jeito que estão, fazendo todo mundo brigar e acreditar que a natureza humana é tão ruim que não podemos confiar em ninguém.

### ■ O QUE ESSAS PESSOAS GANHAM COM ISSO?

Poder. Poder por meio do controle: controle por meio dos mecanismos dos sistemas econômicos e sociais; por meio do medo de que algo irá acontecer se as coisas mudarem e de que todos sejam livres para fazer o que quiserem. Se um número suficiente de pessoas tivesse medo disso, elas abririam mão da liberdade por uma sociedade segura.

Assista ao noticiário e conte quantas histórias ilustram o lado "ruim" da natureza humana e quantas ilustram o lado "bom". Tudo isso nos faz acreditar que o mundo é um local assustador e que precisamos de regras e sistemas de controle para que ninguém se machuque.

### ■ Como mudar as coisas?

Exija sua liberdade. Lute por seus sonhos. Una-se às outras pessoas.

Um mundo criado com abundância será abundante. Um mundo criado com escassez será escasso. Se as pessoas acreditarem na natureza abundante do mundo, ela existirá. Se quisermos mudar o mundo, deveremos primeiro fazer uma mudança em nós mesmos. Estamos todos juntos nisso.

## Tempo de evoluir

*Não há nada mais difícil de se realizar, nem de sucesso mais duvidoso, nem mais perigoso de se conduzir do que iniciar uma nova ordem das coisas, pois a inovação tem como inimigos aqueles que lucram com a ordem antiga e, como tímidos aliados, aqueles que podem lucrar com a nova ordem.*
— Maquiavel

O medo sempre nos impediu de evoluir. Medo de que alguém pegue minhas coisas se eu parar de cuidar delas; medo de que alguém me machuque se eu parar de me proteger; medo de dar e não receber nada em troca. Ter medo significa não conseguir lutar por novas coisas e permitir que elas entrem em nossas vidas.

Observe por esta perspectiva: estamos sempre cheios; para permitir que algo entre em nossas vidas, precisamos liberar espaço. Lembre-se da comparação que fiz com a memória de um computador. É a mesma coisa: se sentirmos muito medo, não iremos considerar outras possibilidades. Esse medo é o mesmo que faz com que os executivos trabalhem sessenta ou setenta horas semanais, que leva líderes políticos a fazerem acordos comerciais com outros países, para que tenham direito a condições privilegiadas.

Nosso sistema econômico deveria ser dirigido por nós, mas é ele que nos dirige. Em vez de criar o tipo de sociedade que queremos e usar o sistema econômico para nos ajudar, nós nos vemos de mãos atadas. Quantas vezes você já ouviu um político dizer: "Gostaríamos de aplicar mais dinheiro na educação, mas as condições econômicas não permitem isso."

Mentira! As condições nunca vão permitir. O sistema econômico baseia-se no pensamento racional. Essa maneira linear de ver o mundo divide as coisas e as analisa, e somente serão feitas as coisas que já estiverem em andamento.

Considere este ponto de vista: o valor total das empresas no mercado financeiro é o que acreditamos que deva ser. Se decidirmos que as coisas estão prosperando, e as empresas deveriam valer mais, assim será; se decidirmos que as coisas ficarão piores, poderemos diminuir esse valor. Entendeu? Nada nos impede de fazer algo, apenas a crença. Se acreditarmos em abundância, criaremos abundância; se acreditarmos que os recursos são limitados e que algumas pessoas devem morrer de fome, é isso que acontecerá.

Eu trabalhava com ações e mercados futuros no Japão. Em 1990, o mercado japonês estava em alta; as ações estavam sendo comercializadas a uma taxa de mais de cem, quando o normal era de vinte a quarenta. Os investidores acreditavam que, no futuro, as coisas estariam melhores, e o mercado continuou a subir.

Então, algumas pessoas começaram a dizer que o mercado estava elevado demais, e isso logo mudaria. Essa visão se espalhou. As pessoas começaram a vender ações e, conforme os preços diminuíram, foram surgindo cada vez mais evidências de que o mercado estava supervalorizado; no final, aquela visão prevaleceu, e o mercado caiu mais da metade. A questão é: tudo é resultado da crença coletiva. Ao mudar a crença, o resultado também muda.

Precisamos sair desse círculo vicioso. Precisamos começar a interagir com o sistema de um modo diferente, um modo que reflita o tipo de mundo que desejamos criar, em vez daquele que temos.

### ∎ Tempo de evoluir

Em aproximadamente vinte anos, o mundo estará superlotado. Algumas estimativas apontam que a população chegará a cerca de nove bilhões de pessoas, ficará estável durante um tempo, depois começará a diminuir. Imagine o seguinte: uma população que será mais velha em média do que é agora e que terá menos filhos; será que ainda iremos aceitar que uma pequena porcentagem da população enriqueça cada vez mais enquanto uma parte muito maior fica cada vez mais pobre?

*Precisamos de um mundo baseado nos princípios da fartura, união e riqueza de espírito, algo que está em falta em muitas nações ocidentais.*

Precisamos de um mundo baseado nos princípios da fartura, união e riqueza de espírito, algo que está em falta em muitas nações ocidentais. Para isso, precisamos de coragem, visão e, principalmente, AÇÃO.

## Só os fortes sobrevivem?

*Todos nós somos líderes. Cada um de nós dá um exemplo a alguém e cada um de nós tem a responsabilidade de criar o futuro que queremos.*
— Keshavan Nair

Você acredita na idéia de que "só os fortes sobrevivem"? Você pisaria nos outros para conseguir sua recompensa? Você acredita que todos os conflitos devem ter vencedores e perdedores? Não? Então, por que pressupõe que essas sejam as regras do jogo?

Pense nisso um pouco. Conforme crescemos, as pessoas dizem que devemos cuidar da família e dos amigos para que possamos colaborar com seu bem-estar; em muitos casos, agimos de forma altruísta para benefício deles. Nossa família e nossos amigos são um porto seguro na bagunça do mundo. Mesmo quando discutimos, sabemos que os laços de sangue não podem ser desfeitos; em outras palavras, estamos presos uns aos outros. Sabemos que se trata de um relacionamento a longo prazo e agimos de acordo com tal fato.

Agora compare isso com as coisas que ouvimos sobre o mundo, principalmente o mundo dos negócios. Dizem: "É um mundo em que um engole o outro." "Cuidado" é uma palavra muito comum. Quando executivos se encontram para beber algo, a conversa se assemelha à de um campo de batalhas: "Como vão as coisas? Você está ganhando ou perdendo?" As histórias incluem grandes lutas ganhas, adversários e desafios vencidos.

Acreditamos que o mundo é assim, que não pode ser mudado, portanto nos adaptamos a ele. Somos um tipo de pessoa em casa e com nossos amigos e outro tipo quando estamos no mundo dos negócios.

### ■ Por que acreditamos que isso não pode mudar?

Pare um pouco e pense. Você é uma pessoa em casa e outra no trabalho? Sua atenção aumenta ao chegar no trabalho? Você está sempre buscando oportunidades que irão beneficiar sua empresa e prejudicar alguém?

Se a crença coletiva cria a realidade, enquanto todos agirem assim, nada vai mudar. Continuaremos reclamando, mas nada vai mudar.

Sendo assim, por que não liderar, em vez de seguir? Comece a buscar soluções em que haja apenas vencedores, aja visando ao bem-estar de todos, não ao seu próprio benefício somente. Evolua para um nível superior e lidere, em vez de simplesmente seguir os outros.

## Tempo de novas idéias

Talvez tudo isso pareça exagero e até um pouco radical, mas repare: nossa sociedade ainda está baseada nas visões de pessoas que viveram há dois mil anos. Sim, novamente aqueles três filósofos gregos: Platão, Sócrates e Aristóteles.

Nosso sistema econômico está baseado nas idéias de pessoas que viveram há duzentos anos, sendo Adam Smith, o pai da teoria do livre comércio, o primeiro deles. É claro que todas essas idéias foram úteis, principalmente porque as coisas progrediram em um caminho linear. Nos últimos cem anos, especificamente, sempre foi justo supor que cada nova geração teria melhores chances do que as anteriores. Até agora...

Hoje em dia, enfrentamos níveis crescentes de depressão, suicídio e estresse. Além disso, como já mencionei, estamos próximos do momento em que a Terra irá atingir sua população máxima.

Está na hora de termos novas idéias, e a mais fundamental delas é uma nova avaliação da natureza humana. Pergunte-se: você é conduzido por seus desejos animais ou pelo "eu" superior? Você pula de um lado para o outro como o macaco, ou acha que consegue direcioná-lo? Você acredita estar limitado às suas necessidades de sobrevivência ou pode ir além disso? Você está bem ou mal? Se você acredita que pode mudar e

*Para garantir a sua liberdade, você deve lutar pela liberdade dos outros.*

evoluir, então todos podemos fazê-lo. Esse é um desafio que a raça humana enfrenta atualmente.

Para garantir sua liberdade, você deve lutar pela liberdade dos outros: a liberdade deles é a sua liberdade. Tudo bem, vou parar de falar sobre isso e comentar as implicações de mudar e ir além do "eu".

## A CHAVE PARA A COMPAIXÃO

A noção de interligação e união causa um profundo efeito no modo como vemos o mundo. Enquanto acreditamos que estamos separados, lutamos e nos esforçamos sozinhos. Encare a verdade: você irá se perder se acreditar na separação. Mas, se acreditar na união, jamais irá se perder. Tudo o que acontecer fará parte de você, e você fará parte de tudo.

A idéia de separação tem origem no julgamento e resulta nele. Julgamento sobre quem é melhor ou pior, sobre o que é certo ou errado, o que é bom ou ruim. Deixe de lado o julgamento e comece a aceitar as experiências como parte do todo. Controle o impulso de julgar, ou você vai "classificar" os outros e ignorá-los. Se você fizer isso, farão o mesmo com você. Talvez você até se sinta orgulhoso e ache que está certo, mas você estará numa ilha deserta, não conseguirá refletir sobre si próprio, tampouco desenvolver-se.

## NÃO VIVA PELA METADE

Você sabe a qual tipo de pessoa eu estou me referindo: pessoas fortes, teimosas, que são tão rígidas quanto às suas idéias que nunca irão mudar. Acredito que, quando ficamos mais velhos, chegamos a um momento na vida em que decidimos se vamos manter o que sabemos e parar de nos desenvolver, ou se continuaremos crescendo e aprendendo, abrindo nossas mentes para infinitas possibilidades. Se você decidir parar e fechar sua mente, você não terá para onde ir. Se quiser mesmo fazer isso, vá em frente, mas essa atitude trará cada vez mais amargura e frustração.

Volte para o modelo passado/presente/futuro e verá que apostou alto no domínio do passado e decidiu mantê-lo no presente. As pessoas que agem assim investiram tanto nessa posição que encontram dificuldade em mudar. Se encontrarem alguém que discorde delas, ficam extremamente nervosas, pois não sabem o que fazer.

Essa visão do mundo é uma das que surge do tipo de pensamento que categoriza as coisas, que estipula como o mundo deve ser. As pessoas que têm tal atitude procuram algo ou alguém para culpar. Acabe com isso e perceba que o mundo está em constante movimento e mudança. Veja as possibilidades, não os problemas.

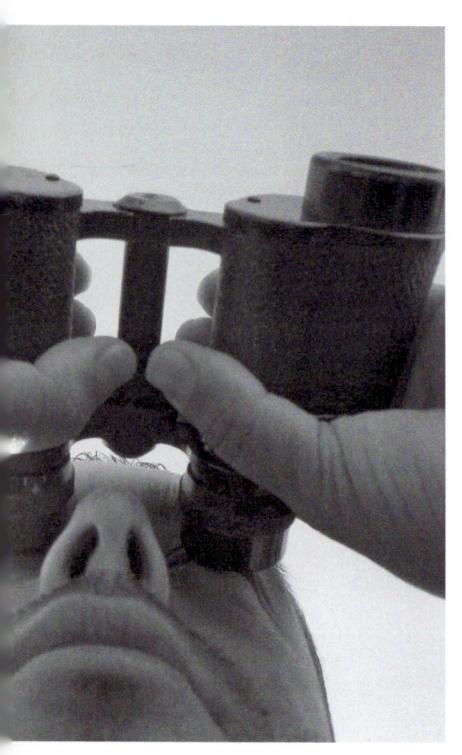

A compaixão está relacionada ao fato de aceitar todas as visões do mundo sem fazer julgamento. Se você estiver seguro o suficiente sobre quem você é, não haverá motivo para derrubar os outros ou tentar provar que estão errados. Se você aceitar a idéia de que o mundo é um mistério, você será capaz de aceitar a visão das outras pessoas e exaltá-las.

Se você tiver uma visão fixa do mundo, tudo o que você conseguirá fazer é defender essa visão; sua percepção estará baseada na idéia de que o mundo é fixo. No entanto, os cientistas já provaram que isso não é verdade. Com base em uma perspectiva científica, o universo está em constante expansão. Sendo assim, por que a consciência humana também não estaria?

Se você enxergar o mundo como um vai-e-vem de energias abundantes e misteriosas, então a vida se parecerá mais com uma viagem pelo oceano do que com uma viagem de trem. No trem, o caminho é mais constante; você não está no controle, e a única coisa que pode fazer é sentar-se e deixar-se guiar. Se você estiver viajando pelo oceano, estará sujeito à fúria dos ventos, às correntes e ao tempo. Desse modo, é preciso saber para onde você está indo, quais são seus pontos de referência e como você irá lidar em caso de emergência. Pode ser uma viagem difícil, mas uma coisa eu garanto: será bem mais interessante do que ficar sentado no trem, olhando pela janela e morrendo de tédio.

> *O melhor presente que podemos dar às pessoas é nossa sinceridade.*

Voltando à compaixão. Analise quem você é e o que está fazendo, mas vá além disso e deixe-se envolver pelo conceito de interligação das coisas. Se você conseguir fazer isso, haverá um espaço grande em seu coração para que você entenda as visões de mundo das outras pessoas; você poderá ouvi-las sinceramente.

O melhor presente que podemos dar às pessoas é nossa sinceridade. Assim, oferecemos a elas um espelho verdadeiro que permite que elas se vejam; também para nós é uma grande oportunidade de crescimento.

**NÃO VIVA PELA METADE**

## O ORGULHO NOS CEGA

Recentemente, conversei com uma amiga sobre essa questão de interligação e união, e ela ficou triste com isso. A princípio, não entendi o porquê. Conversamos mais e percebi que era porque ela sentia que, já que somos todos um só, ela não era nada. Ela queria ser ela mesma.

A idéia de união não impede que cada um seja exclusivo. Na verdade, união e exclusividade se complementam. Somos como pequenas bolas de energia com uma corrente comum passando por todos nós. Se alguém tentar segurar a corrente para si, em vez de sermos uma grande luz brilhante, nos tornamos uma multidão de pequenas esferas.

*A idéia de união não impede que cada um seja exclusivo.*

Imagine que somos como as luzes de uma árvore de Natal. Se você colocar várias luzes individuais, até fica bonito, mas elas não estão coordenadas; você não ganharia o prêmio de melhor iluminação de Natal da rua. Para ter uma ótima decoração de Natal, é preciso manter as esferas juntas, para que elas tenham um brilho único. Cada esfera é parte de algo maior do que ela mesma, e o resultado é muito melhor.

O ser humano é bem parecido com isso: pode tentar brilhar individualmente e até ficar bem, mas nunca será melhor do que se estivesse com os outros. Nosso orgulho, às vezes, nos impede de ver essa possibilidade; se pensarmos que somos melhores ou piores do que os outros, estaremos nos preparando para uma queda.

A idéia de "auto-importância" pode fazer com que não enxerguemos as lições que estão bem à nossa frente e que não aprendamos, cresçamos ou mudemos. Também pode ser a origem de uma enorme infelicidade quando se transforma em autopiedade. Parece estranho? Pense da seguinte maneira: se você sente piedade de si mesmo, então acredita que os outros deveriam ter pena de você e acha que é bom demais para as coisas que o mundo coloca à sua frente. Em outras palavras, tenham pena de mim, pois eu preciso pagar a faculdade enquanto outras pessoas são sustentadas pelos pais. A principal mensagem é: "Eu sou bom demais para isso. Mereço mais."

Mas o mundo não é bom ou ruim até que o tornemos assim, lembra? A autopiedade é uma maneira de recusar a participação no jogo da vida e dizer que as regras deveriam favorecer você. As coisas não são bem assim: o que parece certo agora é o certo, e a única maneira de seguir o caminho é agindo. Lembre-se de que não saberemos o significado dos acontecimentos até que eles se tornem coisas do passado. A única coisa que podemos fazer é nos dedicarmos totalmente aqui e agora.

Nosso orgulho e nossa idéia de auto-importância podem nos impedir de enxergar essa realidade e as oportunidades que estiverem ao nosso alcance. Observe este exemplo: Bill é um excelente instrutor de mergulho; certa vez, ele saiu de sua cidade para tentar um emprego em um barco. Ao chegar a seu destino, era alta temporada e não havia mais vagas; ele não conseguiu nenhum emprego.

Como tinha pouquíssimo dinheiro, precisou engolir o orgulho e acabou conseguindo um emprego como motorista de limusine. Ele não queria ser motorista de limusine, pois, para ele, era o mesmo que ser motorista de táxi, mas com um nome melhor. Apesar de tudo, era gentil com os passageiros. Conforme estes foram fazendo cada vez mais perguntas sobre a região, Bill aprendeu a cada dia um pouco mais. Certa vez, ele pegou um senhor inglês no aeroporto e, durante o longo caminho até o hotel, o passageiro perguntou sobre os acontecimentos na região. Bill gentilmente respondeu a todas as perguntas; ao chegarem ao hotel, o passageiro agradeceu por tudo.

Quando já estavam perto da entrada principal, Bill perguntou por que razão o senhor inglês havia viajado. A resposta foi: "Eu vim de Londres para lançar um novo barco. É uma pena que você não seja mergulhador, pois precisaríamos de alguém com esse conhecimento para comandar os mergulhos." Bem, nem preciso dizer que os olhos de Bill brilharam, e que ele conseguiu o emprego e viveu feliz para sempre.

## ■ A QUESTÃO É...

Não pense que você sabe tudo. O mundo é um mistério, lembre-se disso. O que estiver à sua frente será bom para você agora, mas, se você deixar o orgulho falar mais alto, poderá perder todas as chances.

## A VIDA SE EXPANDE

Talvez você tenha percebido que a pergunta sobre como encontrar um rumo na vida pode ser respondida várias vezes. Isso ocorre porque a vida não é linear; ela se expande conforme o tempo passa e é a principal ferramenta em nossa jornada. As escolhas que fazemos são elementos dessa ferramenta. Toda escolha provoca um efeito na jornada e em nossa vida. É por isso que essa história de destino não pode estar certa: mudamos o mundo de acordo com o modo como interagimos com ele. Olhe para trás e verá que isso realmente é verdade.

Ao tentar fazer algo que não tem volta, essa experiência não será tirada de você. Um simples ato pode influenciar fortemente a sua vida.

> *O homem é como a mente: quando expandido por uma nova idéia, nunca volta às dimensões originais.*
> — Oliver Wendell Holmes

Voltemos à comparação que fiz sobre a chuva caindo no deserto e formando poças, e você entenderá aonde quero chegar. Imagine agora que uma empresa de construção surge e decide cavar um grande escoamento no meio da planície; ao chover, a água irá diretamente para ele, e as coisas nunca mais serão as mesmas.

Nossa mente é assim também. Na escola, aprendi a fazer contas de divisão de números grandes; um dia, comprei uma calculadora. Hoje, me recuso a fazer contas grandes no lápis, nem que me paguem para isso. Aliás, não vejo motivo para ficar sofrendo e não usar a calculadora.

> *Somos o que fazemos constantemente.*
> *Portanto, a excelência não é um ato, mas um hábito.*
> — Aristóteles

Veja este exemplo: o que aconteceu para que você começasse a beber? Meus irmãos e eu, quando éramos adolescentes, andávamos de moto. Perto da nossa casa, havia uma estrada de chão batido. Quando eu ficava nervoso, subia na moto, ia para lá e ficava rodando de um lado para o outro.

Quando me mudei, em vez de andar de moto, comecei a ir a um barzinho com meus colegas. Por que hoje em dia é tão difícil ir ao barzinho para comer alguma coisa sem beber algo? Se você não tivesse tomado o primeiro drinque, não saberia, mas, ao tomar uma vez, não haverá mais volta, sua vida foi mudada para sempre. O mesmo acontece com qualquer outra droga, mas provavelmente a mais traiçoeira seja o cigarro.

Comecei a fumar quando tinha 14 anos, pois achava legal, e todos os meus amigos faziam isso também. Quando percebi o mal

### NÃO VIVA PELA METADE

que aquilo me fazia, eu já estava fumando há anos, e a rotina comportamental no meu cérebro já era muito grande. Parei de fumar há algum tempo, mas continuo pensando sobre isso e sei exatamente como é a situação. Conheço pessoas que pararam de fumar há dez anos, mas ainda desejam um cigarro; novamente, se elas não tivessem fumado o primeiro, não sentiriam falta. A vida delas mudou para sempre.

Entendeu o que eu quis dizer? Não sabemos o significado das coisas que fazemos agora até que o tempo passe, e a situação já tenha se tornado passado. Nesse caso, a própria vida é a ferramenta na jornada.

Analise seus relacionamentos e você vai me entender. Quando nos relacionamos com as pessoas, aprendemos coisas, e elas mudam nossas idéias. Nossas expectativas mudam, bem como nossas experiências e nossas percepções. O simples fato de estarmos vivos faz com que mudemos.

#### ■ Qual é a lição que fica?

O que estou tentando dizer é: não se segure com tanta força. Tenha em mente que o mundo é algo que muda. Pense na seguinte imagem: alguém tentando se agarrar às margens de um rio com uma correnteza veloz. Já que não é possível se segurar por muito tempo, então é melhor se deixar levar. E há um paradoxo: enquanto somos levados pela correnteza, precisamos não apenas deixar as coisas acontecerem, como também saber para onde estamos indo. Se conseguirmos fazer isso quando as oportunidades aparecerem, conseguiremos agarrá-las com as duas mãos.

*O pássaro do paraíso foge das mãos de quem não o agarra com força.*
— Wordsworth

## A JORNADA É O DESTINO

Na confusão do dia-a-dia, estamos sempre buscando algo ou olhando para trás. Raramente vivemos o aqui e agora, mas esse é o verdadeiro desafio. Conforme já mencionei, nossa tendência é ver a vida como uma progressão em linha reta, unidirecional, e isso acaba conosco. Não importa o que enfrentamos aqui e agora, nossa tendência é olhar para isso como um passo em direção a algo além.

A história sobre um jovem japonês que queria aprender artes marciais ilustra bem isso. Tetsuro era muito baixo para sua idade e sofria com as brincadeiras de mau gosto dos outros meninos. Um dia, ele decidiu aprender em artes marciais para se proteger e descobriu que havia um sansei que vivia próximo às montanhas.

> *Nossa tendência é ver a vida como uma progressão em linha reta, unidirecional, e isso acaba conosco.*

Tetsuro foi ao encontro do sansei para se tornar um grande guerreiro. Após alguns dias de viagem, ele chegou ao Dojo, cumprimentou o sansei e disse que queria participar. O sansei ficou muito contente, e Tetsuro estava muito entusiasmado.

– Daqui a quanto tempo serei faixa preta? – ele perguntou.

– Dez anos – respondeu o sansei.

Tetsuro ficou muito triste, pois não queria esperar tanto tempo assim.

– E se eu me esforçar o dobro do que os outros meninos, quanto tempo vai demorar?

– Vinte anos – respondeu o sansei.

Tetsuro ficou confuso.

– E se eu me esforçar o dobro, ficar acordado até tarde e treinar à noite, quanto tempo vai demorar?

– Trinta anos.

Tetsuro não estava entendendo nada.

– Por que quanto mais eu me esforçar, mais tempo vai demorar?

O sansei olhou para ele pensativo e disse:

– Porque, se um de seus olhos estiver concentrado no destino, apenas um deles estará concentrado na jornada.

Precisamos manter nosso destino em mente para que possamos estar totalmente no presente e usar totalmente nosso poder no presente. Só assim veremos as possibilidades que irão surgir no caminho.

Complicado, não? Tenha uma idéia clara sobre aonde você quer chegar, mas esteja totalmente presente, aqui e agora.

Observe a natureza. Há um ponto final nela? Não. Tudo na natureza está em constante mudança. Lembra-se do princípio da incerteza de Heisenberg? A natureza de um objeto é alterada por sua interação com o sujeito. Eis outra teoria para você: Mandelbrot. Segundo ela, tudo vai constantemente do estado de caos para o estado de ordem, depois volta ao caos, e assim por diante.

Pense um pouco: tudo está em mudança constantemente, nada fica parado. Por um tempo, o estado de ordem existe; ao mudar, esse estado fica próximo ao caos, que, aos poucos, irá encontrar um novo (mas diferente) estado de ordem. Agora junte os dois princípios, o de Heisenberg e o de Mandelbrot: tudo está sempre mudando.

Ao interagirmos com nosso ambiente, nós o influenciamos e fazemos com que mude. O modo como irá mudar está diretamente relacionado ao modo como interagimos com ele. Sendo assim, o modo como nos vemos altera o modo como mudamos. Nós nos tornamos aquilo em que acreditamos. Lembre-se do que Descartes disse: "Penso, logo existo." Talvez, o correto fosse "Acredito, logo existo."

*O desafio é ter intenções claras, mas estar totalmente presente ao que está acontecendo agora.*

As tribos antigas nas florestas da América do Sul, como shuar, otavalans e salasacans, acreditavam nisso também. Elas dizem que nossos sonhos criam nossa realidade, portanto só podemos criar uma realidade com a qual sonhamos primeiro; para mudar nossa realidade, precisaremos mudar nosso sonho.

Voltando à jornada, ela é o destino. O desafio é ter intenções claras, mas estar totalmente presente ao que está acontecendo agora.

## Organizando as idéias

Talvez sua cabeça esteja prestes a explodir, não é? Está na hora de sintetizar tudo o que foi visto.

É nisto que eu acredito:

- O mundo é um mistério. Nunca devemos parar de questioná-lo, mas também não devemos esperar compreendê-lo.

- Há, sim, um objetivo na vida; ele está relacionado ao crescimento, aprendizado e desenvolvimento a partir dos desafios que surgem à nossa frente. A melhor maneira de fazer isso é encontrar nosso caminho ou nosso objetivo.

- A paixão leva ao objetivo. Encontre um espaço para se desligar do mundo e fique em silêncio para que você consiga ouvir o que realmente está acontecendo em seu interior. Encontre suas paixões.

- Considere a morte como sua conselheira. Não pense que você é imortal, pois não é. Encare a verdade. Ao fazer isso, você terá uma direção e um poder que virão da libertação das banalidades da vida.

- Lute pelo que você acredita e tenha coragem para fazer isso. Todo desafio tornará você mais forte, conferindo-lhe poder.

- Estabeleça a intenção de ser feliz.

- Aja. O mundo se resume em movimento. A ação apresenta efeitos que você nem pode imaginar. Crie o que você realmente deseja e não se satisfaça com as coisas às quais você está preso.

- Liberte-se e deixe-se envolver pela idéia de abundância.

- Aprenda a sacudir a poeira e dar a volta por cima sempre que cair. Aceite isso como parte da vida.

- Não se limite ao "eu". Viva de acordo com a união e a interligação.

## SEJA ÚNICO

- Lute pela liberdade dos outros, pois essa é a sua liberdade. Seja corajoso o suficiente para criar um mundo melhor, mais justo e mais livre.

- Deixe sua vida se expandir. Não se prenda tanto às coisas.

- Esteja completamente presente aqui e agora.

- Mantenha a alegria no coração e coloque o máximo possível de energia positiva no mundo.

Bem, chegamos ao fim deste pequeno livro. Para você e para mim, é hora de levantar e seguir em frente. Espero que as idéias apresentadas aqui tenham sido úteis. Desejo a você toda a sorte em sua jornada.

*No fim de toda a nossa jornada, deveríamos retornar ao local de onde partimos e conhecê-lo pela primeira vez.*
— **Four Quartets**, T.S. Eliot

# Conheça também outros livros da **Fundamento**

▶ **VOCÊ PODE**
*Paul Hanna*
O que as pessoas de sucesso têm de diferente das outras? A resposta é clara: o que cada um pensa de si e como age. A confiança em si mesmo é capaz de levar a surpreendentes vitórias diante de grandes desafios.

▶ **ABAIXO A DEPRESSÃO**
*Susan Tanner e Jillian Ball*
Tristeza e depressão são incrivelmente comuns em nossa sociedade. Este livro ensina a modificar o estado de espírito através da mudança de seu estilo de pensamento.

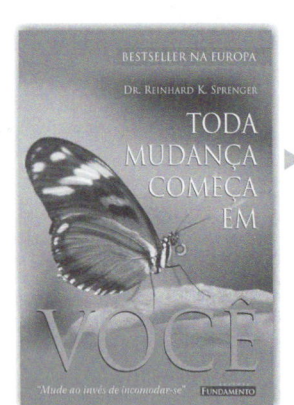

▶ **TODA MUDANÇA COMEÇA EM VOCÊ**
*Dr. Reinhard K. Sprenger*
É possível transformar percalços em vantagens e vantagens em felicidade. Este livro convida-o a experimentar a idéia da liberdade de escolher.

# EDITORA FUNDAMENTO

www.editorafundamento.com.br
Atendimento: (41) 3015.9700

## ▶ VOCÊ MERECE SER FELIZ
*Amanda Gore*
**Você merece ser Feliz!** é um livro envolvente, alegre e vibrante, indispensável para obter equilíbrio e harmonia em sua vida e em seus relacionamentos.

## ▶ ATITUDE
*Justin Herald*
Desvende os segredos do sucesso e da atitude "eu posso fazer tudo o que quiser", para conseguir alcançar seus próprios objetivos e realizar seus sonhos.

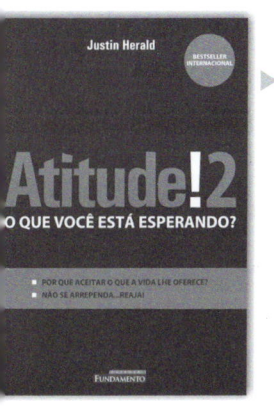

## ▶ ATITUDE! 2
## O QUE VOCÊ ESTÁ ESPERANDO?
*Justin Herald*
Em **Atitude! 2**, Justin Herald desafia o leitor a se auto-superar e a trilhar o verdadeiro caminho para ser bem-sucedido. Sucesso não é apenas uma palavra de sete letras, é um estilo de vida. Para obtê-lo, é preciso avaliar o que está errado e mudar. Transforme ruim em bom, bom em ótimo e fracasso em sucesso!